101
RECETAS
CON PAPAS

Recopilación de sus Favoritas

pil

Publications International, Ltd.

Louis Weber, CEO
Publications International, Ltd.
7373 North Cicero Avenue
Lincolnwood, Illinois 60712

Fotografía de la portada, por Sanders Studios, Inc., Chicago.

En la portada se ilustra: Papas Horneadas Dos Veces *(página 144)*.
En la contraportada se ilustran *(de izquierda a derecha):* Papas al Gratín *(página 124)* y Cacerola de Papa y Chile *(página 56)*.

ISBN: 1-4127-2007-9

Número de Tarjeta del Catálogo de la Biblioteca del Congreso: 2003116555

Hecho en China.

8 7 6 5 4 3 2 1

Cocción en Horno de Microondas: La potencia de los hornos de microondas es variable. Utilice los tiempos de cocción como guía y revise qué tan cocido está el alimento antes de hornear por más tiempo.

101
RECETAS
CON PAPAS

Recopilación de sus Favoritas

Detalles

BÁSICOS DE LA PAPA

Cultivada desde el año 3000 A. DE C. y con cientos de variedades, la papa es una de las verduras más populares. De hecho, se estima que las papas constituyen una tercera parte de los alimentos que consumimos.

Y las disfrutamos de muchas formas: en puré, a la francesa, fritas, al horno con crema agria, asadas, al gratín, doblemente horneadas; también comemos la cáscara de papa…, la lista es interminable.

Algunas sugerencias para almacenar las papas:

• Guárdelas a temperatura ambiente; de preferencia, en un lugar oscuro y ventilado.

• Después de comprarlas, es mejor comerlas dentro de los siguientes 10 días. Asegúrese de sacarlas de la bolsa de plástico y mantenerlas en un recipiente para verduras o en una bolsa de papel oscuro.

• Las papas nunca deben refrigerarse, pues el almidón se convierte en azúcar.

• Evite las papas que tienen coloración verdosa; esto es un indicador de que se almacenaron de manera incorrecta, y pueden estar agrias y ser potencialmente tóxicas.

• Si la papa tiene raíces, simplemente córtelas antes de cocinarla.

La preparación depende del tipo de papa:

• La papa *russet* (también conocida como papa Idaho) es la mejor para hornear, freír y hacer puré.

• La papa *común* es excelente para freír en sartén, para preparar panes y para empanizar.

• La papa *Yukon,* con su característico color carne, es ideal para la ensalada de papa y para asar.

• La papa *roja,* con bajo nivel de almidón, es excelente para cocer al vapor y para asar en la parrilla.

Las papas son ideales para quienes cuidan su peso. Tienen muy pocas calorías, casi nada de grasa y muy poco sodio. También son una buena fuente de vitaminas C y B$_1$, así como de niacina, potasio y fibra.

Atractivos

ENTREMESES Y BOTANAS

Cáscaras Rellenas de Queso con Pimiento

6 papas (patatas) russet (unos 340 g) bien lavadas

4 cucharadas de salsa de pimienta de Cayena

2 cucharadas de mantequilla derretida

1 pimiento morrón rojo grande, sin semillas y finamente picado

1 taza de cebollín picado

1 taza (120 g) de queso cheddar rallado

1. Caliente el horno a 230 °C. Envuelva las papas en papel de aluminio. Hornee durante 1 hora 15 minutos o hasta que estén suaves. Deje enfriar hasta que pueda manejarlas. Corte cada papa por la mitad a lo largo; ahueque cada mitad,* dejando una corteza de 0.5 cm. Corte las cortezas por la mitad a lo ancho. Colóquelas en una charola grande para hornear.

2. Caliente la parrilla. Mezcle 1 cucharada de salsa y la mantequilla en un recipiente pequeño. Barnice la parte interior de cada papa. Ase a 15 cm de la fuente de calor, durante 8 minutos o hasta que estén doradas.

3. Combine la salsa restante con los demás ingredientes en un recipiente grande. Coloque más o menos 1 cucharada de la mezcla en cada corteza. Ase durante 2 minutos o hasta que el queso se derrita. Corte cada pieza por la mitad para servir.   *Rinde 12 porciones*

*Guarde el sobrante para preparar puré de papa o sopa.

Tiempo de Preparación: 30 minutos

Tiempo de Cocción: 1 hora 25 minutos

Cáscaras Rellenas de Queso con Pimiento

Cáscaras de Papa Sureñas

6 papas (patatas) russet grandes, pinchadas con un tenedor
340 g de carne molida de res
30 g de sazonadores para carne
¾ de taza de agua
¾ de taza de cebollín rebanado
1 tomate rojo mediano picado
65 g de aceitunas negras rebanadas
1 taza (120 g) de queso cheddar rallado
2 tazas de Dip Fiesta (receta más adelante)

Hornee las papas en el microondas durante 30 minutos, a temperatura ALTA, volteando después de 15 minutos; deje enfriar. Corte por la mitad y ahueque cada mitad, dejando una corteza de 0.5 cm. En una sartén mediana, dore la carne; escurra la grasa. Agregue el sazonador y el agua. Hierva a fuego medio-alto; reduzca el fuego a bajo y deje hervir, sin tapar, durante 15 minutos. Añada el cebollín. Ponga la mezcla de carne en las cortezas. Ponga encima el tomate, las aceitunas y el queso. Colóquelas en una charola para hornear y hornee hasta que se derrita el queso. Corone cada corteza con una cucharada de Dip Fiesta.   *Rinde 1 docena de entremeses*

Dip Fiesta

30 g de sazonador para carne
500 ml de crema agria

En un recipiente mediano, mezcle los ingredientes. Refrigere antes de servir.

Rinde 2 tazas

Cáscaras de Papa con Queso

4 papas (patatas) grandes horneadas
¼ de taza (½ barrita) de mantequilla o margarina derretida
115 g de queso amarillo en trozos
2 cucharadas de pimiento morrón rojo o verde picado
2 rebanadas de tocino (beicon), dorado y en trocitos
1 cucharada de cebollín rebanado
Crema agria

• Caliente el horno a 230 °C.

• Corte las papas a lo largo y ahueque cada mitad, dejando una corteza de 0.5 cm. (Guarde el sobrante para otros usos.) Corte las cortezas a lo ancho. Colóquelas en una charola y barnice con margarina.

• Hornee de 20 a 25 minutos o hasta que estén doradas. Corone con el queso y hornee hasta que el queso comience a derretirse. Ponga encima los demás ingredientes.

Rinde 16 porciones de entremés

Tiempo de Preparación: 1 hora

Tiempo de Cocción: 25 minutos

Cáscaras de Papa Sureñas

Cáscaras de Papa Gratinadas con Cheddar

4 papas (patatas) Idaho (russet) medianas (más o menos 1 kg)
4 rebanadas de tocino (beicon) de pavo
2 cucharadas de aceite vegetal
2 tazas (225 g) de queso cheddar rallado
¼ de taza de crema agria
2 cucharadas de cebollín finamente picado
1 cucharada de chile jalapeño picado

1. Coloque una pieza de papel de aluminio en la última parrilla del horno. Caliente el horno a 220 °C. Limpie las papas y pínchelas varias veces con un cuchillo afilado. Ponga las papas directamente en la mitad de la parrilla y hornee durante 1 hora o hasta que estén suaves.

2. Mientras tanto, en una sartén pequeña, cueza el tocino a fuego medio hasta que esté dorado. Escúrralo sobre toallas de papel y luego desmorónelo.

3. Con un cuchillo filoso, corte las papas por la mitad. Con una cuchara pequeña, ahueque las papas, dejando una corteza de 0.5 cm. (Guarde el sobrante para otros usos.) Corte las cortezas en triángulos del tamaño de un bocado.

4. Acomode las cortezas en una charola para hornear. Barnice con aceite la parte interna y hornee durante 15 minutos o hasta que se doren.

5. Retire las cortezas del horno y espolvoree encima el queso. Hornee por 5 minutos más o hasta que el queso se derrita. Corone con la crema agria, y agregue el cebollín, el pimiento y el tocino.   *Rinde unas 24 porciones*

Cáscaras de Papa con Frijoles y Salsa

6 papas (patatas) medianas (de 180 g cada una) horneadas
¾ de taza de dip de frijol negro (regular o condimentado)
¾ de taza (90 g) de queso cheddar rallado
¾ de taza (90 g) de crema agria baja en grasa
Ramitas de cilantro fresco (opcional)

Caliente el horno a 200 °C. Corte las papas por la mitad y ahuéquelas dejando una corteza de 0.5 cm (evite romperlas). (Guarde el sobrante para otros usos, como puré de papa.) Coloque las cortezas en una charola grande para hornear, con la piel hacia abajo. Hornee durante 5 minutos.

Rellene cada corteza con 1 cucharada de dip de frijol y 1 cucharada de queso. Hornee por 10 minutos más. Retire del horno y deje enfriar durante 5 minutos. Corone con un poco de salsa y 1 cucharada de crema agria. Adorne con cilantro, si lo desea. Sírvalas calientes.
Rinde 12 porciones

Cáscaras de Papa Gratinadas con Cheddar

Entremeses de Papa

3 papas (patatas) russet medianas, peladas y ralladas
1 huevo
2 cucharadas de harina de trigo
1 cucharadita de sal
¼ de cucharadita de pimienta negra
1½ tazas de calabacita rallada (2 pequeñas)
1 taza de zanahoria rallada (1 grande)
½ taza de crema agria o yogur natural
2 cucharadas de albahaca fresca finamente picada
1 cucharada de cebollín picado o 1½ cucharaditas de chile en polvo

Caliente el horno a 220 °C. Envuelva las papas en varias capas de toallas de papel para quitar el exceso de humedad. Bata el huevo, la harina, la sal y la pimienta en un recipiente grande. Agregue las papas, la calabacita y la zanahoria. Mezcle bien. Engrase 2 charolas antiadherentes para hornear. Con una cuchara, coloque bolitas de la mezcla en la charola y aplánelas un poco. Hornee de 8 a 15 minutos o hasta que estén doradas. Voltee y hornee de 5 a 10 minutos más. Ponga encima la crema y las hierbas. Sírvalas calientes.

Rinde unos 24 bocadillos

Abanicos de Papa Horneada

6 papas (patatas) rojas medianas (unos 565 g), sin pelar y bien lavadas
Ralladura de la cáscara y jugo de 1 limón
1 cucharada de aceite de oliva
Sal o sal de ajo (opcional)
2 cucharadas de perejil finamente picado

Corte cada papa a lo ancho, pero no totalmente, a intervalos de 0.5 cm. Acomode las papas en un refractario de 1½ o 2 litros. Rocíe el jugo de ½ limón. Cubra y hornee en el microondas durante 6 minutos a temperatura ALTA. Cubra y deje reposar por 5 minutos. Deseche el líquido. Espolvoree la ralladura encima y entre las rebanadas. Rocíe el resto del jugo de limón y el aceite de oliva sobre las papas. Sazone con un poco de sal, si lo desea. Hornee, sin cubrir, a 200 °C por 30 minutos o hasta que las papas estén suaves; barnícelas una o dos veces con el aceite del refractario. Espolvoree con el perejil.

Rinde de 3 a 4 porciones

De arriba abajo:
Papas Condimentadas
(página 152), Listones Picositos
(página 14) y Entremeses de Papa

Papas Fritas con Hierbas

Aceite en aerosol sabor aceite de oliva
2 papas (patatas) rojas medianas
(unos 225 g) sin pelar
1 cucharada de aceite de oliva
2 cucharadas de eneldo, tomillo o romero
frescos o 2 cucharaditas de eneldo,
tomillo o romero secos
¼ de cucharadita de sal de ajo
⅛ de cucharadita de pimienta negra
1¼ tazas de crema agria

1. Caliente el horno a 220 °C. Rocíe charolas antiadherentes grandes para hornear con aceite en aerosol. Corte las papas a lo ancho en rebanadas muy delgadas de 0.5 cm de grosor. Séquelas con toallas de papel. Acomode las rebanadas en una sola capa en las charolas preparadas. Cúbralas con aceite en aerosol.

2. Hornee por 10 minutos; voltee las rebanadas. Barnice con aceite. Combine el eneldo, la sal de ajo y la pimienta en un recipiente pequeño. Espolvoree las papas con la mezcla. Continúe horneando de 5 a 10 minutos más o hasta que las papas estén doradas. Deje enfriar en las charolas. Sirva con crema agria.

Rinde unas 60 papas fritas

Papas Fritas Caseras

Aceite vegetal
2 papas (patatas) russet grandes, sin pelar
Sal

Llene con aceite vegetal la freidora eléctrica o una sartén eléctrica, a menos de la mitad de su capacidad. Caliente el aceite a 180 °C.

Mientras tanto, lave y talle las papas. Llene con agua fría, a ¾ de su capacidad, un recipiente grande. Corte las papas a lo ancho en rebanadas muy delgadas (de unos 2 mm). Sumerja las rebanadas en el agua. Poco a poco, retire las papas y escúrralas; colóquelas sobre toallas de papel para que se sequen. Fría de 2 a 3 minutos o hasta que se doren. Retírelas del aceite y escúrralas sobre toallas de papel. De inmediato, sazónelas con sal al gusto.

Para un dorado perfecto, asegúrese de que la temperatura del aceite se mantenga a 180 °C.

Rinde de 4 a 6 porciones

Listones Picositos

6 papas (patatas) russet medianas sin pelar
1 cucharada más 1 cucharadita de sal
Aceite vegetal
1 cucharada de chile en polvo
1 cucharadita de sal de ajo
¼ a ½ cucharadita de pimienta roja molida

Con el pelador, haga listones de papa. Colóquelos en un recipiente grande con 1 litro de agua helada, mezclada con 1 cucharada de sal. Caliente el aceite en la freidora o en una sartén pesada, a una temperatura de 185 °C. Mezcle el chile en polvo, 1 cucharadita de sal, la sal de ajo y la pimienta roja. Escurra las papas y séquelas con toallas de papel. Fría las papas en tandas, hasta que se doren. Retírelas del aceite y colóquelas sobre toallas de papel. Espolvoree con la mezcla de chile en polvo.

Rinde de 8 a 12 porciones

Papas Fritas con Hierbas

Papas Rellenas con Jamón, Quesos y Champiñones

12 papas (patatas) nuevas rojas pequeñas
(de 4 a 5 cm de diámetro)
2 cucharadas de mantequilla derretida
1 cucharada de mantequilla
60 g de jamón cocido picado
¼ de taza de cebolla picada
1 cucharadita de tomillo fresco picado
½ cucharadita de ajo finamente picado
120 g de champiñones botón picados
75 g de hongos portobello picados*
75 g de setas (champiñón ostra) sin tallo y
picadas*
3 cucharadas de crema batida
½ taza (60 g) de queso Asiago rallado
Sal
Pimienta negra
½ taza (60 g) de queso suizo rallado
½ taza (60 g) de queso cheddar blanco
rallado
¼ de taza de perejil fresco picado

*Sustituya los hongos portobello y las setas por 150 g de champiñones botón, si lo desea.

Caliente el horno a 200 °C. Corte y deseche 0.5 cm de cada orilla de las papas. Corte las papas por la mitad a lo ancho. En un recipiente grande, mezcle las papas con 2 cucharadas de mantequilla derretida; revuelva bien.

Coloque las papas en una charola de 37.5×25 cm, cubierta con papel de aluminio. Hornee de 30 a 40 minutos o hasta que se sientan suaves al tocarlas con un tenedor. Deje enfriar ligeramente. Ahueque las papas, dejando cortezas delgadas. Guarde el sobrante para otro uso.

Derrita 1 cucharadita de mantequilla en una sartén grande a fuego medio-alto; Agregue el jamón y cocine de 2 a 5 minutos o hasta que empiece a dorarse, moviendo ocasionalmente. Añada la cebolla, el tomillo y el ajo. Reduzca el fuego a medio-bajo. Cocine de 2 a 3 minutos o hasta que la cebolla esté suave. Incorpore las setas. Cueza de 5 a 6 minutos o hasta que el líquido se haya evaporado, moviendo de vez en cuando. Vierta la crema y cocine durante 1 minuto, moviendo constantemente, o hasta que la crema se espese. Ponga el queso Asiago. Sazone al gusto con sal y pimienta.

Retire la sartén del fuego. Mientras tanto, en un recipiente mediano, mezcle el queso suizo y el queso cheddar. Rellene las cortezas con la mezcla de setas; espolvoree encima la mezcla de quesos. Cubra y refrigere por toda la noche. Para hornear, deje que las papas reposen a temperatura ambiente durante 45 minutos. Caliente el horno a 200 °C. Hornee de 12 a 15 minutos o hasta que el queso se derrita y se dore ligeramente. Espolvoree encima el perejil.

Rinde 24 entremeses

Nidos de Papa con Cordero

NIDOS DE PAPA

2 papas (patatas) pequeñas ralladas
1 huevo
1 cucharada de aceite vegetal
1 cucharada de queso parmesano rallado
¼ de cucharadita de ajo en polvo
¼ de cucharadita de pimienta negra
¼ de taza de harina para bisquet
Pan finamente molido

RELLENO DE CORDERO

225 g de carne magra de cordero, molida
¼ de taza de cebollín picado
1 cucharadita de jengibre fresco rallado o
¼ de cucharadita de jengibre seco
½ cucharadita de comino molido
¼ de cucharadita de sal
¼ de cucharadita de cilantro molido
¼ de cucharadita de canela en polvo
¼ de cucharadita de pimienta roja molida
¼ de taza de pasta de chile jalapeño

Para preparar los Nidos de Papa, coloque las papas en un recipiente mediano. Cubra con agua fría y deje reposar durante 5 minutos. Escurra bien y seque con toallas de papel. Caliente el horno a 200 °C. Bata el huevo, el aceite, el queso, el ajo en polvo y la pimienta negra. Agregue la harina para bisquet y revuelva bien. Añada las papas ralladas. Engrase generosamente 16 moldes para muffin y espolvoree cada uno con pan molido. Coloque más o menos 1 cucharada de la mezcla de papa en cada molde; haga un pequeño hueco en el centro. Hornee durante 15 minutos. Retire del horno y mantenga caliente.

Mientras tanto, para preparar el Relleno de Cordero, fría la carne con la cebolla en una sartén a fuego medio-alto hasta que la carne pierda su color rosado y la cebolla esté suave. Escurra bien; agregue el jengibre, el comino, la sal, el cilantro, la canela y la pimienta. Cueza y revuelva de 1 a 2 minutos o hasta que los sabores se mezclen. Agregue la pasta de chile y caliente hasta que ésta se derrita y el cordero se caliente bien. Ponga cucharaditas de la mezcla de cordero en los nidos de papa. Sírvalos calientes.

Rinde 16 entremeses

Quiché de Pavo y Tocino en Cortezas de Papa

4 papas (patatas) horneadas y ligeramente frías
4 huevos
8 rebanadas de tocino (beicon) de pavo, frito y desmoronado
¼ de taza de cebollín picado
¼ de taza de pimiento morrón verde picado
1 frasco (60 g) de pimientos escurridos
½ taza (60 g) de queso cheddar rallado

1. Caliente el horno a 180 °C. Rebane las papas por la mitad a lo largo. Ahueque cada mitad, dejando una corteza de 0.5 cm. Guarde el sobrante para otro uso.

2. Mezcle los huevos, el tocino, el cebollín, el pimiento verde y los pimientos en un recipiente mediano. Coloque una cucharada de la mezcla de tocino de manera uniforme en las cortezas. Espolvoree encima el queso.

3. Hornee de 15 a 20 minutos o hasta que el queso se derrita.

Rinde 8 porciones

Una Papa, Dos Papas

Aceite en aerosol
2 papas (patatas) medianas, cortadas a lo
   largo en 4 rebanadas
Sal
½ taza de pan molido sin sazonar
2 cucharadas de queso parmesano rallado
   (opcional)
1½ cucharaditas de orégano seco, eneldo,
   hierbas italianas o pimentón
Mostaza oscura con especias o con miel,
   salsa catsup o crema agria baja en
   grasa

1. Caliente el horno a 220 °C. Rocíe una charola
para hornear con aceite en aerosol.

2. Rocíe generosamente los lados cortados de la
papa con aceite en aerosol. Sazone con un poco
de sal.

3. Mezcle el pan molido, el queso parmesano y
las hierbas elegidas en un recipiente poco
profundo. Agregue las papas; revuelva hasta que
se cubran. Colóquelas en la charola que preparó.

4. Hornee las papas hasta que se doren y estén
suaves, durante unos 20 minutos. Sírvalas
calientes para remojarlas en mostaza.

Rinde 4 porciones

Camotes (Batatas): Omita el queso parmesano,
las hierbas y la mostaza. Sustituya las papas por
camotes. Corte y rocíe los camotes según las
instrucciones. Cubra generosamente con la
cantidad deseada de canela y azúcar. Hornee
como se indica. Sírvalas calientes con dip de
mermelada de durazno o piña, o mostaza con miel.

Palitos de Camote

3 camotes (batatas) medianos (unos 675 g)
3 tazas de cereal de arroz inflado, molido
   hasta tener ¾ de taza
½ cucharadita de sal de ajo
¼ de cucharadita de sal de cebolla
⅛ de cucharadita de pimienta de Cayena
½ taza de harina de trigo
2 claras de huevo
2 cucharadas de agua
Aceite en aerosol
Salsa (opcional)

1. Lave los camotes y córtelos a lo largo en
rebanadas de 1.5 cm. Corte las rebanadas en tiras
de 1.5 cm.

2. En un refractario o platón poco profundo,
mezcle el cereal y las especias. Coloque la harina
en otro refractario o platón poco profundo. Bata
las claras de huevo y el agua. Cubra los camotes
con la harina, y quite el exceso. Sumerja los
camotes en la mezcla de huevo; luego empanícelos
con el cereal. Colóquelos en una sola capa sobre
una charola para hornear, forrada con papel de
aluminio y rociada con aceite en aerosol.

3. Hornee a 200 °C durante unos 30 minutos o
hasta que se doren un poco. Sírvalos calientes
con salsa, si lo desea.   *Rinde 15 porciones*

Tiempo de Preparación: 25 minutos

Tiempo de Horneado: 30 minutos

Una Papa, Dos Papas

Deliciosos

DESAYUNOS Y ALMUERZOS

Omelet del Oeste

½ **taza de pimiento morrón verde o rojo**
  finamente picado
⅓ **de taza de cuadritos de papa (patata)**
  cocida
2 **rebanadas de tocino (beicon) de pavo,**
  picado
¼ **de cucharadita de orégano seco**
2 **cucharaditas de margarina**
1 **taza de sustituto de huevo**
  Ramitas de orégano fresco para adornar

En una sartén de 20 cm, a fuego medio, saltee el pimiento, la papa, el tocino y el orégano en 1 cucharadita de margarina hasta que se suavicen.* Retire de la sartén y mantenga caliente.

En la misma sartén, a fuego medio, derrita el resto de la margarina. Vierta el huevo. Fría; levante las orillas para permitir que la porción sin cocer fluya por debajo.

Cuando esté casi listo, añada la mezcla de verduras en la mitad de la omelet. Doble la otra mitad encima de las verduras. Coloque en el plato. Adorne con orégano fresco.

Rinde 2 porciones

Tiempo de Preparación: 15 minutos

Tiempo de Cocción: 10 minutos

*Para preparar una frittata, saltee las verduras, el tocino y el orégano seco con 2 cucharaditas de margarina. Vierta el huevo de manera uniforme en la sartén sobre la mezcla de verduras. Cueza, sin mover, de 4 a 5 minutos o hasta que la parte inferior esté lista y la superior casi lista. Con cuidado, voltee la frittata y cueza de 1 a 2 minutos más, hasta que esté lista. Transfiera al plato; para servir, corte en rebanadas.

Omelet del Oeste

Frittata de Cerdo y Papa

360 g (unas 3 tazas) de papas (patatas) hash brown congeladas
1 cucharadita de Cajún
4 claras de huevo
2 huevos enteros
¼ de taza de leche baja en grasa
1 cucharadita de mostaza seca
¼ de cucharadita de pimienta negra poco molida
285 g (unas 3 tazas) de verduras mixtas congeladas
⅓ de taza de agua
¾ de taza de carne magra de cerdo, cocida y picada
½ taza (60 g) de queso cheddar rallado

1. Caliente el horno a 200 °C. Rocíe una charola para hornear con aceite en aerosol. Distribuya las papas en la charola. Espolvoree el Cajún. Hornee durante 15 minutos o hasta que esté caliente. Retire del horno. *Reduzca la temperatura del horno a 180 °C.*

2. Bata las claras de huevo, los huevos, la leche, la mostaza y la pimienta en un recipiente pequeño. Coloque las verduras y el agua en una sartén mediana. Cueza a fuego medio durante 5 minutos o hasta que las verduras estén suaves. Escurra.

3. Agregue el cerdo y las papas a la sartén. Revuelva ligeramente. Añada la mezcla de huevo. Espolvoree el queso. Cueza a fuego medio-bajo durante 5 minutos. Ponga la sartén en el horno y hornee a 180 °C por 5 minutos o hasta que la mezcla de huevo esté lista y el queso se haya derretido.   *Rinde 4 porciones*

Frittata Primavera

1 cebolla mediana picada
1 pimiento morrón rojo o verde mediano, en tiras
1 papa (patata) mediana, pelada y rallada (más o menos 1 taza)
1 taza de brócoli poco picado
1 cucharadita de orégano seco machacado
⅛ de cucharadita de pimienta negra molida
1 cucharada de grasa vegetal
225 g de sustituto de huevo

En una sartén antiadherente de 25 cm o para omelet, fría la cebolla, el pimiento, la papa, el brócoli, el orégano y la pimienta negra hasta que las verduras estén suaves y crujientes.

En un recipiente pequeño, con la batidora eléctrica a velocidad alta, bata el huevo durante 2 minutos hasta que esté ligero y esponjoso; vierta sobre las verduras. Tape y cueza a fuego medio de 5 a 7 minutos o hasta que el huevo esté listo. Sirva en la sartén o transfiera con cuidado a un plato caliente. Sirva de inmediato.

Rinde 4 porciones

Frittata de Cerdo y Papa

Quiché de Papa

     2 tazas (225 g) de queso Jarlsberg Lite
          rallado
     10 conchas grandes de pasta filo*
     1¼ tazas de papa (patata) sin pelar picada
          (1 grande)
     1 cucharada de ajo picado
     2 cucharaditas de aceite de oliva
     1¼ tazas de cebollines finamente picados
     1 huevo
     3 claras de huevo
     ½ taza de leche
     ½ a 1 cucharadita de sal
     ¼ a ½ cucharadita de pimienta negra recién
          molida
          Pizca de nuez moscada recién molida
     1 a 2 cucharadas de eneldo fresco en
          trocitos (opcional)

*Para bocadillos, sustituya las conchas por 30 conchas miniatura.

Instrucciones para Microondas: Reparta el queso entre las conchas. Acomódelas en el microondas en una toalla de papel. Hornee de 1 a 2 minutos a temperatura ALTA, volteando cada 30 segundos, hasta que el queso se derrita. Deje enfriar.

Mezcle las papas, el ajo y el aceite en un refractario de 25×15×5 cm. Cubra con plástico y deje ventilaciones. Hornee en el microondas durante 3 minutos a temperatura ALTA. Con cuidado, retire el plástico y agregue los cebollines. Cubra con el plástico permitiendo la ventilación y hornee por 3 minutos a temperatura ALTA. Bata el huevo con las claras de huevo en un recipiente pequeño. Añada la leche, la sal, la pimienta, la nuez moscada y el eneldo, si lo desea. Incorpore a la mezcla de papa. Reparta la mezcla entre las conchas.

Acomode las conchas en el microondas sobre una toalla de papel. Cúbralas con otra toalla de papel. Hornéelas a temperatura ALTA durante 3 minutos o hasta que el relleno esté listo. Con cuidado, retire del horno con una espátula. Deje reposar por 5 minutos antes de servir.

Rinde 10 porciones

Método para Horno Convencional: Caliente el horno a 180 °C. Saltee el ajo en aceite por 3 minutos; agregue las papas y saltee durante 4 minutos. Coloque las conchas en moldes para muffin. Reparta el queso entre las conchas. Mezcle el resto de los ingredientes en un recipiente y añada a la mezcla de papa. Reparta esta mezcla entre las conchas. Hornee por 40 minutos. Retire de los moldes. Deje enfriar.

Omelet de Papa con Queso

     1 cucharadita de aceite de oliva
     1 papa (patata) pequeña finamente
          rebanada
     1 cebolla pequeña finamente rebanada
     1 taza de claras de huevo
     ½ cucharadita de pimienta negra
     1½ tazas (180 g) de queso cheddar rallado

En una sartén de 25 cm, caliente el aceite de oliva a fuego medio-alto; agregue las papas y la cebolla. Cueza y fría hasta que las papas estén suaves. Retire de la sartén. En la misma sartén, añada el huevo y la pimienta negra. Conforme el huevo empiece a cocerse, meta la espátula debajo de la omelet y levante la porción cocida para que la parte sin cocer corra por debajo. (Mueva la sartén conforme sea necesario.) Cuando los huevos estén casi listos, espolvoree encima 1 taza de queso.

Siga cociendo hasta que el queso empiece a derretirse. Ponga la mezcla de papa con cebolla en la mitad de la omelet. Doble la omelet sobre el relleno. Espolvoree ½ taza de queso. Para retirar, voltee ligeramente la sartén y deje que la omelet resbale al plato. Sirva de inmediato.

Rinde 3 porciones

Frittata Jardinera

    1 cucharada de aceite de oliva extra virgen
    1 taza de papas (patatas) rojas, rebanadas y
        sin pelar (unos 120 g)
    ½ taza de cebolla morada picada
    ½ taza de pimiento morrón rojo picado
    1 cucharadita de ajo picado
    1 taza de espárragos frescos picados
    ½ taza de granos de elote (maíz), frescos o
        descongelados
    1 taza (120 g) de jamón cocido
    ¾ de taza de sustituto de huevo *o* 3 huevos
        grandes
    3 claras de huevos grandes
    1 taza (120 g) de queso provolone
        ahumado, rallado
    ¼ de taza de hojas de albahaca fresca *o*
        1 cucharada de albahaca seca
    ½ cucharadita de sal
    ¼ de cucharadita de pimienta negra recién
        molida

Caliente la parrilla. En una charola para asar, caliente el aceite a fuego medio-alto. Agregue las papas, la cebolla, el pimiento y el ajo. Cueza, moviendo ocasionalmente, hasta que las papas estén casi suaves. Agregue los espárragos, el elote y el jamón, y cueza más o hasta que las verduras estén listas. En un recipiente, bata el sustituto de huevo (o los huevos enteros), las claras de huevo, el queso, la albahaca, la sal y la pimienta negra. Vierta sobre las verduras. Reduzca el fuego y cueza, sin tapar, durante 8 minutos o antes de que el huevo esté listo. Ponga la charola en la parrilla durante 1 minuto o hasta que el centro del huevo esté cocido. Sirva de inmediato.

Rinde 4 porciones

Frittata Hash Brown

    285 g de salchicha
      6 huevos
      1 paquete (360 g) de papas (patatas) hash
        brown descongeladas
      1 taza (120 g) de queso cheddar rallado
    ⅓ de taza de crema batida
    ¼ de taza de pimiento morrón rojo picado
    ¼ de cucharadita de sal
        Pizca de pimienta negra

Caliente el horno a 180 °C. Corte la salchicha en trozos del tamaño de un bocado. Cueza en una sartén pequeña a fuego medio hasta que dore, moviendo ocasionalmente. Escurra la grasa. Bata los huevos en un recipiente mediano. Agregue la salchicha y el resto de los ingredientes. Vacíe a un refractario de 2 litros. Hornee, sin cubrir, durante 30 minutos o hasta que los huevos estén casi listos. Deje reposar por 5 minutos antes de cortar en cuadros. Sirva caliente. Refrigere el sobrante.

Rinde 6 porciones

Quiché de Tamal de Papa

225 g de papas (patatas) rojas
1 taza de harina de maíz blanca
1 cucharadita de comino molido
¾ de cucharadita de sal
2 tazas (225 g) de queso cheddar rallado
4 huevos
⅓ de taza de agua
2 cucharadas de aceite de oliva
½ taza de queso cottage
2 cucharadas de leche
¼ de cucharadita de pimienta negra molida
1 lata (150 g) de chiles verdes picados y escurridos
1 pimiento morrón rojo mediano, sin semillas y en tiras
Crema agria y cilantro fresco para adornar

1. Para preparar las papas, pélelas y córtelas en rebanadas de 3 cm.

2. Colóquelas en una sartén pequeña; cubra con agua. Hierva a fuego alto. Reduzca el fuego a bajo. Tape y deje hervir durante 5 minutos o hasta que las papas estén suaves y crujientes. Escurra.

3. Mezcle la harina de maíz, el comino, ¼ de cucharadita de sal y 1 taza de queso cheddar en un recipiente mediano. Bata 1 huevo en un recipiente pequeño; añada el agua y el aceite, y bata hasta que suavice. Vacíe en la mezcla de masa.

4. Ponga la mezcla en un molde para pay de 23 cm previamente engrasado.

5. Coloque 3 huevos, el queso cottage, la leche, ½ cucharadita de sal y la pimienta negra en la batidora; bata hasta que suavicen.

6. Acomode la mitad de las papas encima de la masa. Ponga encima los chiles y ½ taza de queso cheddar. Agregue el resto de las papas y ½ taza de queso cheddar. Distribuya encima las tiras de pimiento. Con cuidado, vierta la mezcla de huevo sobre las capas, permitiendo que la mezcla se filtre entre ellas.

7. Cubra completamente con plástico. Acomode una parrilla metálica dentro de un wok. Vierta 4 cm de agua. (El agua no debe tocar la parrilla.) Coloque el molde para pay sobre la parrilla. Hierva el agua a fuego alto; reduzca el fuego a bajo. Tape el wok y hierva de 35 a 40 minutos o hasta que la mezcla esté lista. (Reponga el agua si es necesario.)

8. Deje enfriar durante 10 minutos. Corte en rebanadas. Adorne, si lo desea.

Rinde 6 porciones

Quiché de Tamal de Papa

Cacerola de Huevo con Chorizo

225 g de chorizo de cerdo
3 cucharadas de margarina o mantequilla
2 cucharadas de harina de trigo
¼ de cucharadita de sal
¼ de cucharadita de pimienta negra
1¼ tazas de leche
2 tazas de papas (patatas) hash brown congeladas
4 huevos cocidos y rebanados
½ taza de hojuelas de maíz molidas
¼ de taza de cebollín rebanado

Caliente el horno a 180 °C. Rocíe un refractario ovalado de 2 litros con aceite en aerosol.

Desmenuce el chorizo en una sartén grande; dore a fuego medio-alto, hasta que el chorizo se separe. Escurra sobre toallas de papel. Deseche la grasa y limpie la sartén con toallas de papel.

Derrita 2 cucharadas de margarina en la misma sartén a fuego medio. Agregue la harina, la sal y la pimienta hasta obtener una consistencia suave. Poco a poco, vierta la leche y cocine hasta que espese. Añada el chorizo, las papas y los huevos; mezcle bien. Ponga en el refractario que preparó.

Derrita 1 cucharada de margarina. Mezcle el cereal molido con la margarina derretida. Vacíelo en el refractario.

Hornee, sin tapar, por 30 minutos o hasta que esté caliente y burbujeante. Añada encima el cebollín.
Rinde 6 porciones

Cacerola para el Desayuno

450 g de papas (patatas) para hornear (2 medianas o grandes)
Sal y pimienta negra
225 g de chorizo, cocido y desmenuzado o 180 g de jamón magro en cubos o 180 g de tocino (beicon) de pavo, cocido y picado
⅓ de taza de pimiento morrón rojo asado, en tiras julianas o 1 frasco (60 g) de pimientos rebanados y escurridos
3 huevos
1 taza de leche baja en grasa
3 cucharadas de cebollín fresco picado o ¾ de cucharadita de tomillo u orégano seco
Salsa y crema agria baja en grasa o yogur natural (opcional)

Caliente el horno a 190 °C. Engrase un refractario cuadrado de 20 o 23 cm. Pele las papas y córtelas en rebanadas delgadas. Acomode la mitad de las papas en el refractario. Sazone con sal y pimienta. Cubra con la mitad del chorizo. Acomode encima el resto de las papas y sazone con sal y pimienta. Ponga encima la salchicha y el pimiento. Bata los huevos, la leche y el cebollín. Vierta sobre las papas. Cubra el refractario con papel de aluminio y hornee de 35 a 45 minutos o hasta que las papas estén suaves. Destape y hornee de 5 a 10 minutos más. Sirva con salsa y crema agria, si lo desea.
Rinde de 4 a 5 porciones

Cacerola de Huevo con Chorizo

Cacerola de Salchicha

675 g de papas (patatas) rojas
3 salchichas de cerdo (unos 340 g)
2 cucharadas de mantequilla o margarina
1½ cucharaditas de semillas de alcaravea
4 tazas de col morada rallada

1. Corte las papas en tiras de .5 a 1.5 cm. Colóquelas en una cacerola para microondas. Hornee a temperatura ALTA durante 3 minutos. Revuelva, y hornee por 2 minutos más.

2. Mientras las papas se cuecen, corte las salchichas en rebanadas de .5 cm. Colóquelas en una sartén grande; cueza a fuego medio-alto, moviendo ocasionalmente, durante 8 minutos o hasta que se doren y pierdan su color rosado. Retírelas de la sartén. Escurra la grasa.

3. Derrita la mantequilla en una sartén. Agregue las papas y la alcaravea. Cocine, moviendo ocasionalmente, de 6 a 8 minutos o hasta que las papas estén doradas y suaves. Regrese la salchicha a la sartén. Añada la col. Cubra y cueza de 3 a 4 minutos más o hasta que la col esté suave pero aún de color rojo brillante.

Rinde 4 porciones

Sugerencia para Servir: Sirva con fruta fresca y un muffin inglés.

Tiempo de Preparación y Cocción: 30 minutos

Pay de Papa y Huevo

1 paquete (570 g) de papas (patatas) hash brown descongeladas
⅓ de taza de aceite vegetal
1½ cucharadas de perejil fresco picado
360 g de salchicha de cerdo, cocida, desmenuzada y escurrida
¾ de taza de queso para fundir con chile, rallado
¾ de taza de queso suizo rallado
1 lata (120 g) de champiñones rebanados y escurridos
½ taza de leche
4 huevos batidos
1 cucharadita de sal de ajo
¼ de cucharadita de pimienta negra
4 a 6 rebanadas delgadas de tomate rojo

Caliente el horno a 220 °C. En un recipiente mediano, mezcle las papas y el aceite. Unte la mezcla en un molde para pay de 23 cm. Hornee durante 30 minutos o hasta que dore; retire del horno. *Reduzca la temperatura del horno a 180 °C.* Mientras tanto, en un recipiente grande, combine 1 cucharada de perejil y el resto de los ingredientes, excepto las rebanadas de tomate. Vierta sobre la base para pay. Hornee por 25 minutos o hasta que los huevos estén listos. Coloque las rebanadas de tomate sobre el pay y corone con el perejil. Hornee de 5 a 7 minutos más.

Rinde 6 porciones

Cacerola de Salchicha

Cacerola Campirana

    2 cucharadas de mantequilla o margarina
    4 chuletas de cerdo (de 2 cm de grosor)
        picadas
    ¼ de cucharadita de pimienta negra
    ¼ de cucharadita de pimienta de Cayena
        (opcional)
    1 cebolla mediana picada
    2 dientes de ajo picados
  420 g de papas (patatas) cocidas y en cubos
  420 g de tomates rojos picados
    1 pimiento morrón verde mediano picado
    ½ cucharadita de tomillo seco machacado

1. Derrita la mantequilla en una sartén grande a fuego medio. Agregue la carne; cueza, moviendo ocasionalmente, hasta que el centro pierda su color rosado. Sazone con pimienta negra y pimienta de Cayena, si lo desea.

2. Añada la cebolla y el ajo; cocine hasta que estén suaves. Incorpore las papas, los tomates, el pimiento y el tomillo. Cueza durante 5 minutos, moviendo frecuentemente. Sazone con sal, si lo desea.
Rinde 4 porciones

Sugerencia: La papa puede ser coronada con un huevo tibio o estrellado.

Tiempo de Preparación: 10 minutos

Tiempo de Cocción: 15 minutos

Desayuno Hash

  450 g de chorizo
    2 tazas de papas (patatas) picadas
    ¼ de taza de pimiento morrón rojo y/o
        verde, picado
    2 cucharadas de cebolla picada
    6 huevos
    2 cucharadas de leche

Desmorone el chorizo en una sartén grande. Agregue las papas, los pimientos y la cebolla. Cueza a fuego bajo hasta que el chorizo haya dorado y las papas estén suaves al tocarlas con un tenedor. Mueva ocasionalmente y escurra la grasa. Bata los huevos y la leche en un recipiente pequeño. Añada a la mezcla de chorizo. Cueza hasta que los huevos estén cocidos, pero no secos. Sirva caliente. Refrigere el sobrante.
Rinde de 6 a 8 porciones

Sugerencia para Servir: Sirva con fruta fresca.

Hash de Pavo y Nuez

4 tazas de pavo cocido, en cuadritos y sin piel
2 papas (patatas) medianas, horneadas y en cuadritos
3 cucharadas de mantequilla o margarina
1 taza de nueces
½ taza de cebollín rebanado
1 cucharadita de salvia frotada
1 cucharadita de tomillo seco machacado
1 taza de gravy de pavo
Sal y pimienta al gusto
⅓ de taza de perejil picado

Mezcle el pavo y las papas en el procesador de alimentos. Procese hasta que quede poco picado. Derrita la mantequilla en una sartén grande. Agregue las nueces; fría a fuego medio-alto o hasta que estén bien doradas. Retire de la sartén. Añada la cebolla, la salvia y el tocino a la sartén. Fría durante 2 minutos. Incorpore la mezcla de pavo y el gravy. Cocine hasta que esté caliente. Sazone con sal y pimienta. Coloque en un plato y espolvoree encima el perejil.

Rinde de 4 a 6 porciones

Hash Brown Horneada

1 kg de papas (patatas) hash brown descongeladas
½ taza de mantequilla o margarina derretida
1 cucharadita de sal
1 cucharadita de pimienta negra
½ cucharadita de ajo en polvo
2 tazas (225 g) de queso cheddar rallado
1 lata (360 g) de carne ahumada con especias, en cuadritos
1½ tazas de crema agria
1 lata (300 ml) de crema de pollo
125 g de chiles verdes picados y escurridos
½ taza de leche
½ taza de cebolla picada
2 tazas de papas (patatas) fritas machacadas

Caliente el horno a 180 °C. En un recipiente grande, mezcle las papas, la mantequilla derretida, la sal, la pimienta y el ajo en polvo. En otro recipiente grande, combine el queso, la carne, la crema agria, la sopa, los chiles, la leche y la cebolla. Agregue la mezcla de carne a la de papa. Vierta en un refractario de 2 litros. Espolvoree encima las papas machacadas. Hornee de 45 a 60 minutos o hasta que esté caliente.

Rinde 8 porciones

Hot Cakes Papa-Manzana

1¼ tazas de manzanas, finamente picadas y sin pelar
1 taza de papas (patatas) peladas y ralladas
½ taza de puré de manzana natural
½ taza de harina de trigo
2 claras de huevo
1 cucharadita de sal
Puré de manzana adicional o rebanadas de manzana (opcional)

1. Caliente el horno a 245 °C. Rocíe una charola para galletas con aceite en aerosol.

2. En un recipiente mediano, mezcle las manzanas, las papas, ½ taza de puré de manzana, la harina, las claras de huevo y la sal.

3. Rocíe una sartén antiadherente grande con aceite en aerosol. Caliente a fuego medio-alto. Coloque cucharadas abundantes de la mezcla en la sartén, separadas 5 cm. Cueza de 2 a 3 minutos de cada lado o hasta que hayan dorado ligeramente. Coloque los hot cakes en la charola que preparó.

4. Hornee de 10 a 15 minutos o hasta que estén tostados. Sirva con puré de manzana adicional o con rebanadas de manzana, si lo desea. Refrigere el sobrante.   *Rinde 12 porciones*

Hot Cakes de Salchicha de Pavo y Papa

450 g de salchicha de pavo
1 cebolla pequeña
2 papas (patatas) grandes peladas
½ taza de sustituto de huevo
¼ de cucharadita de pimienta negra
Aceite en aerosol

1. Cueza la salchicha en una sartén grande a fuego medio-alto, de 6 a 10 minutos o hasta que la salchicha pierda su color rosado. Escurra la grasa.

2. Coloque la cebolla en el procesador de alimentos con la navaja de metal. Procese pulsando el botón de encendido, hasta que la cebolla esté picada. Retire la navaja de metal y coloque la de picar. Pique las papas.

3. Mezcle la salchicha, la mezcla de papa, el sustituto de huevo y la pimienta en un recipiente mediano. Con ½ taza de la mezcla de salchicha, forme un círculo de 13 cm. Repita la operación con la masa restante.

4. Rocíe una sartén antiadherente grande con aceite en aerosol. Caliente a fuego medio. Cocine los hot cakes de 2 a 3 minutos de cada lado o hasta que doren y las papas estén suaves. Sirva con puré de manzana o relleno de manzana para pay, si lo desea.   *Rinde 4 porciones*

Hot Cakes Papa-Manzana

Hot Cakes de Papa con Calabacita

Salsa Caliente de Maíz (receta más adelante)
2 tazas de papas (patatas) hash brown descongeladas
1½ tazas de calabacita rallada
½ taza de sustituto de huevo
¼ de taza de harina de trigo
2 cucharadas de cebolla picada
2 cucharadas de pimiento morrón verde picado
¼ de cucharadita de sal
⅛ de cucharadita de pimienta negra molida
Aceite en aerosol

1. Prepare la Salsa Caliente de Maíz. Manténgala caliente.

2. Mezcle muy bien las papas, la calabacita, el huevo, la harina, la cebolla, el pimiento, la sal y la pimienta negra en un recipiente mediano.

3. Rocíe una sartén antiadherente grande con aceite en aerosol; caliente a fuego medio-alto. Coloque ¼ de taza de la mezcla de papa en la sartén. Cueza los hot cakes, cuatro o seis a la vez, durante unos 3 minutos de cada lado, hasta que se doren. Coloque 2 hot cakes en un plato; corone con ½ taza de Salsa Caliente de Maíz. Adorne al gusto. *Rinde 6 porciones*

Salsa Caliente de Maíz

Aceite en aerosol
2 cucharadas de cebolla picada
2 cucharadas de pimiento morrón verde, finamente picado

1 bolsa (250 g) de granos de elote (maíz) descongelados
1 taza de salsa de tomate
2 cucharaditas de cilantro picado

1. Rocíe una sartén antiadherente con aceite en aerosol. Caliente a fuego medio-alto. Agregue la cebolla y el pimiento. Cueza durante 3 minutos o hasta que estén suaves y crujientes. Añada el elote, la salsa y el cilantro. Reduzca el fuego a medio-bajo. Cueza por 5 minutos o hasta que esté bien caliente. *Rinde 3 tazas*

Latkes (Hot Cakes de Papa)

⅔ de taza de sustituto de huevo
⅓ de taza de harina de trigo
¼ de taza de cebolla picada
¼ de taza de pimienta negra molida
4 papas (patatas) grandes, peladas y ralladas (unas 4 tazas)
3 cucharadas de manteca vegetal
1½ tazas de puré de manzana endulzado

Mezcle el huevo, la harina, la cebolla y la pimienta. Seque las papas con toallas de papel. Agregue la mezcla de huevo. En una sartén, a fuego medio-alto, derrita 1½ cucharadas de manteca vegetal. Para cada hot cake, vierta ⅓ de taza de la mezcla de papa en la sartén; extienda para formar círculos de 10 cm. Cueza de 5 a 6 minutos, volteando una vez, hasta que se doren ambos lados. Retire y mantenga caliente. Repita la operación hasta obtener 12 hot cakes; utilice más manteca conforme sea necesario. Adorne al gusto y sirva con puré de manzana. *Rinde 12 hot cakes*

Latkes de Papa con Puré de Manzana y Canela

INGREDIENTES

Puré de Manzana y Canela (receta más adelante)
4 papas (patatas) rojas medianas (unos 675 g), peladas
2 cucharaditas de jugo de limón
1 cebolla pequeña finamente picada
2 huevos ligeramente batidos
3 cucharadas de harina de trigo
½ cucharadita de sal
¼ de cucharadita de pimienta negra
Aceite vegetal para freír
Crema agria

UTENSILIOS

Duya y punta mediana

1. Prepare el Puré de Manzana y Canela.

2. Ralle las papas en un recipiente grande. Agregue el jugo de limón y mezcle bien. Escurra el exceso de líquido.

3. Añada la cebolla, los huevos, la harina, la sal y la pimienta a las papas. Revuelva.

4. Caliente más o menos .5 cm de aceite en una sartén grande a fuego medio-alto. Coloque unas 2 cucharadas de la mezcla de papa en el aceite. Extienda un poco la mezcla, de modo que se forme un círculo de 8 cm. Repita la operación hasta obtener 3 o 4 latkes grandes. Cueza de 3 a 4 minutos de cada lado o hasta que se doren por ambos lados. Repita con el resto de la mezcla de papa.

5. Para porciones individuales, ponga unas 3 cucharadas de Puré de Manzana y Canela en los platos; acomode encima 2 latkes. Vacíe crema agria en la duya y adorne los latkes.

Rinde 6 porciones

Puré de Manzana y Canela

1 frasco (450 g) de puré de manzana
2 cucharadas de dulces rojos de canela

Mezcle el puré de manzana con los dulces de canela en una olla pequeña. Caliente a fuego bajo, moviendo frecuentemente, hasta que los dulces se derritan y el puré esté caliente.

Rinde 2 tazas

Latkes de Papa y Camote

2 tazas de papa (patata) russet rallada
1 taza de camote (batata) rallado
1 taza de manzana rallada
¾ de taza de sustituto de huevo
⅓ de taza de harina de trigo
1 cucharadita de azúcar
¼ de cucharadita de polvo para hornear
¼ de cucharadita de sal
⅛ de cucharadita de nuez moscada molida
Aceite en aerosol
1 taza de puré de manzana con canela, sin
endulzar

1. Mezcle las papas y la manzana en un
recipiente mediano. Revuelva el huevo, la
harina, el azúcar, el polvo para hornear, la sal y la
nuez moscada en un recipiente pequeño. Agregue
a la mezcla de papa.

2. Rocíe una sartén antiadherente con aceite en
aerosol. Caliente a fuego medio-bajo. Coloque
1 cucharada de la mezcla de papa en una sartén,
para formar un hot cake de .5 cm de grosor y
8 cm de diámetro.* Cueza durante 3 minutos o
hasta que dore. Voltee el latke y cueza el otro
lado por 3 minutos o hasta que dore. Repita la
operación con la masa restante. Mantenga
calientes los latkes en el horno a 120 °C.

3. Corone cada latke con 1 cucharada de puré de
manzana. Adorne, si lo desea.

Rinde 8 porciones (de 2 latkes)

*Se pueden cocinar de 3 a 4 latkes a la vez.

Hot Cakes de Papa y Queso

1½ litros de puré de papa (patata)
instantáneo preparado y frío
1½ tazas (180 g) de queso Colby o Muenster
rallados
4 huevos ligeramente batidos
1½ tazas de harina de trigo
¾ de taza de perejil picado
⅓ de taza de cebollín picado
1½ cucharaditas de tomillo, romero o salvia
secos
2 huevos ligeramente batidos

1. En un recipiente grande, mezcle bien las
papas, el queso, 4 huevos batidos, ¾ de taza de
harina y las hierbas. Cubra y refrigere durante
4 horas por lo menos antes de preparar.

2. Para preparar, forme 18 tortitas (de 7.5 cm).
Sumerja cada tortita en 2 huevos batidos y
reboce en ¾ de taza de harina. Fría cada tortita
en una sartén antiadherente por 3 minutos de
cada lado hasta que doren.

3. Sírvalas calientes con huevos u omelets, con
crema agria y rebanadas de manzana fritas o con
puré de manzana.   *Rinde de 4 a 6 porciones*

Variante: Sustituya el queso Colby o Muenster
por cheddar o cheddar ahumado.

Latkes de Papa y Camote

Torta Suiza de Papa

2 papas (patatas) medianas para hornear
  (340 g), peladas y ralladas (unas
  2 tazas)

1⅓ tazas (65 g) de cebollas a la francesa

1 pimiento morrón pequeño (verde, rojo o
  naranja), finamente picado

2 cucharaditas de mejorana fresca picada o
  ½ cucharadita de mejorana seca

¼ de cucharadita de sal

⅛ de cucharadita de pimienta negra molida

⅛ de cucharadita de ajo en polvo

1 a 2 cucharadas de aceite vegetal

½ taza (60 g) de queso Muenster o suizo,
  rallado

Mezcle las papas, ⅔ de taza de cebollas un poco
machacadas, el pimiento, la mejorana, la sal, la
pimienta negra y el ajo en polvo en un recipiente
mediano.

Caliente 1 cucharada de aceite en una sartén
antiadherente de 20 cm. Distribuya la mezcla de
papa en el fondo de la sartén. Presione
firmemente con una espátula. Cueza, sin cubrir, a
fuego medio durante 3 minutos o hasta que la
parte inferior esté dorada.

Despegue las papas con cuidado, utilizando una
espátula flexible de metal muy delgada. Coloque
un plato encima de la sartén; voltee y retire las
papas. Regrese las papas a la sartén, con el lado
cocido hacia arriba. Si es necesario, agregue el
resto del aceite a la sartén.

Cueza por 3 minutos o hasta que se doren y las
papas estén bien cocidas. Espolvoree el queso y
las cebollas restantes. Tape y cueza de 1 a
2 minutos o hasta que el queso se derrita. Corte
en rebanadas.   *Rinde 4 porciones*

Bisquets de Camote

2½ tazas de harina de trigo

¼ de taza de azúcar morena

1 cucharada de polvo para hornear

¾ de cucharadita de sal

¾ de cucharadita de canela molida

¼ de cucharadita de jengibre molido

¼ de cucharadita de especias mixtas
  (allspice)

½ taza de manteca vegetal

½ taza de nuez picada

¾ de taza de puré de camote (batata)

½ taza de leche

Caliente el horno a 230 °C.

Mezcle la harina, el azúcar, el polvo para hornear,
la sal, la canela, el jengibre y las especias mixtas
en un recipiente mediano. Corte la manteca con
la batidora o con 2 cuchillos, hasta que presente
grumos grandes. Agregue las nueces.

Combine el camote y la leche en otro recipiente
mediano y mezcle bien.

Haga una fuente en el centro de los ingredientes
secos. Añada la mezcla de camote y revuelva
hasta obtener una masa suave que forme una bola.

Coloque la bola en una superficie bien
enharinada. Amase de 10 a 12 veces.

Extienda la masa hasta obtener un grosor de
.5 cm. Corte la masa con un cortador para bisquet
de 3 cm, enharinado. Coloque los bisquets en una
charola para hornear sin engrasar, separados 5 cm.
Hornee de 12 a 14 minutos o hasta que la parte
superior esté dorada. Sírvalos calientes.

Rinde unos 12 bisquets

Torta Suiza de Papa

Muffins Bayou de Camote

1 taza de harina
1 taza de harina de maíz amarilla
¼ de taza de azúcar
1 cucharada de polvo para hornear
1¼ cucharaditas de canela molida
½ cucharadita de sal
2 huevos
1 taza de puré de camote (batata)
½ taza de café cargado, frío
¼ de taza de mantequilla o margarina,
   derretida
½ cucharadita de salsa muy picante

Caliente el horno a 220 °C. Engrase 12 moldes para muffin (de 7.5×2 cm). En un recipiente grande, mezcle la harina, la harina de maíz, el azúcar, el polvo para hornear, la canela y la sal. En un recipiente mediano, bata los huevos y agregue el camote, el café, la mantequilla y la salsa picante. Haga una fuente en el centro de los ingredientes secos; añada la mezcla de camote y revuelva. Coloque la masa en los moldes para muffin que preparó. Hornee de 20 a 25 minutos o hasta que, al insertar en el centro del pan un palillo, éste salga limpio. Deje enfriar durante 5 minutos. Desmolde.   *Rinde 12 muffins*

Instrucciones para Microondas: Prepare la masa para muffin. Coloque más o menos ⅓ de taza de la masa en 6 moldes para flan para microondas. Hornee a temperatura ALTA, sin cubrir, de 4 a 5½ minutos o hasta que, al insertar en el centro del pan un palillo, éste salga limpio. Voltee y reacomode los moldes a la mitad del tiempo de horneado. Retire
los muffins. Deje enfriar por 5 minutos. Desmolde. Repita el procedimiento con la masa restante. Sírvalos calientes o a temperatura ambiente.

Muffins de Camote con Nuez

Aceite vegetal en aerosol
1¾ tazas de harina
⅓ de taza de azúcar
2 cucharaditas de polvo para hornear
1 cucharadita de canela molida
½ cucharadita de sal
⅛ de cucharadita de nuez moscada molida
¾ de taza de camote (batata), cocido y
   machacado
¾ de taza de jarabe oscuro de maíz
⅓ de taza de aceite de maíz
2 huevos
1 cucharadita de vainilla
1 taza de nuez picada

1. Caliente el horno a 200 °C. Rocíe 12 moldes para muffin (de 6 cm) con aceite en aerosol.

2. En un recipiente mediano, mezcle la harina, el azúcar, el polvo para hornear, la canela, la sal y la nuez moscada. En un recipiente grande, con la batidora eléctrica a velocidad media, combine los camotes, el jarabe de maíz, el aceite de maíz, los huevos y la vainilla; bata muy bien. Agregue las nueces. Coloque la masa en los moldes que preparó.

3. Hornee durante 20 minutos o hasta que doren ligeramente y se sientan firmes al contacto. Déjelos enfriar por 5 minutos sobre rejillas y desmolde.
          Rinde 12 muffins

Muffins Bayou de Camote

Maravillosos

PLATILLOS PRINCIPALES

Cacerola Día Soleado

1 frasco (225 g) de queso para untar, suavizado
¾ de taza de leche
4 tazas de papas (patatas) picadas, parcialmente cocidas
2 tazas de jamón en cubos
1 bolsa (450 g) de verduras mixtas descongeladas
½ taza de cebolla picada
1 taza (120 g) de queso suizo, cheddar o para fundir, rallado
1 taza de galletas saladas en trocitos

Caliente el horno a 180 °C.

Mezcle el queso y la leche en un recipiente grande. Agregue las papas, el jamón, las verduras y la cebolla. Vierta en una cacerola mediana. Tape y hornee durante 45 minutos, moviendo ocasionalmente. Espolvoree el queso y las galletas. Hornee, sin tapar, hasta que el queso se derrita.

Rinde 6 porciones

Pay de Papa Suizo

4 tazas de papas (patatas) hash brown ralladas, descongeladas
2 tazas de queso suizo rallado
1 taza de leche
1 lata (180 g) de atún en agua, escurrido y desmenuzado
½ a 1 taza de cebollines picados, con tallo
½ taza de pimiento morrón verde picado (opcional)
½ taza de crema agria
4 huevos grandes batidos
½ cucharadita de ajo en polvo

En un recipiente grande, mezcle todos los ingredientes. Vierta en un molde para pay de 25 cm, ligeramente engrasado. Hornee a 180 °C durante 1 hora 20 minutos o hasta que esté dorado. Deje reposar durante unos minutos antes de rebanar.

Rinde 6 porciones

Cacerola Día Soleado

Papas con Salchicha

4 tazas de papas (patatas) hash brown
    descongeladas
1 lata (300 ml) de crema de espárragos
    condensada
1 lata (120 g) de queso cheddar rallado
1 taza de crema agria
1⅓ tazas (80 g) de aros de cebolla fritos
½ cucharadita de sal
¼ de cucharadita de pimienta
6 salchichas Frankfurt

Caliente el horno a 200 °C. En un recipiente
grande, mezcle las papas, la crema, ½ taza de
queso, la crema agria, ⅔ de taza de cebollas y los
condimentos. Distribuya la mezcla de papa en una
charola de 30×20 cm. Corte las salchichas por la
mitad horizontalmente. Acomódelas, con la parte
cortada hacia arriba, en el centro de una cacerola.
Cubra y hornee a 200 °C durante 30 minutos o
hasta que estén calientes. Ponga las demás
salchichas con el resto del queso y ⅔ de taza de
cebollas. Hornee, sin cubrir, de 1 a 3 minutos o
hasta que las cebollas estén doradas.

Rinde 6 porciones

Instrucciones para Microondas: Prepare la mezcla
de papa según las instrucciones. Colóquela en un
refractario de 30×20 cm. Cubra y hornee durante
8 minutos a temperatura ALTA. Revuelva a la
mitad del tiempo. Corte las salchichas y
acomódelas encima de las papas. Cubra y hornee
de 4 a 6 minutos o hasta que las salchichas estén
calientes. Voltee el plato a la mitad del tiempo de
horneado. Ponga las salchichas con el queso
restante y ⅔ de taza de cebollas. Cueza, sin cubrir,
durante 1 minuto o hasta que el queso se derrita.
Deje reposar por 5 minutos.

Papa y Salchicha al Horno

450 g de papas (patatas) nuevas rojas,
    cortadas por la mitad o en cuartos
1½ tazas de cebollas rebanadas
225 g de zanahorias baby
2 cucharadas de aceite vegetal
    Especias de hierbas y ajo al gusto
450 g de salchicha de pollo o pavo con
    especias, en rebanadas diagonales de
    1.5 cm.

Caliente el horno a 200 °C.

Rocíe una charola de 33×23 cm con aceite en
aerosol. Mezcle las papas, las cebollas, las
zanahorias, el aceite y las especias en un
recipiente grande. Revuelva bien.

Coloque la mezcla en la charola que preparó.
Hornee, sin cubrir, durante 30 minutos. Agregue
la salchicha a la mezcla. Regrese la charola al
horno. Hornee de 15 a 20 minutos o hasta que
las papas estén doradas.

Rinde de 5 a 6 porciones

Papas con Salchicha

Papa con Jamón al Gratín

3 cucharadas de mantequilla o margarina
3 cucharadas de harina de trigo
2 tazas de leche
1½ tazas (180 g) de queso cheddar rallado
1 cucharada de mostaza Dijon
2 tazas de jamón en tiras delgadas
1 paquete (690 g) de papas (patatas) hash brown descongeladas
1 paquete (285 g) de espinaca picada, descongelada

Caliente el horno a 180 °C.

Derrita la mantequilla en una sartén grande a fuego medio; agregue la harina y mezcle. Vierta la leche y cueza hasta que burbujee. Cueza por 1 minuto más. Retire del fuego. Añada el queso y la mostaza.

Coloque la mitad del jamón en una cacerola mediana sin engrasar. Ponga la mitad de las papas y la mitad de la mezcla de leche sobre el jamón. Acomode la espinaca encima. Repita las capas con el jamón, las papas y la mezcla de leche restantes.

Hornee, sin cubrir, durante 30 minutos.

Rinde 8 porciones

Cacerola de Papa y Carne

1 frasco (225 g) de queso para untar
¾ de taza de leche
2 tazas (360 g) de roast beef cocido y en cuadritos
1 bolsa (450 g) de verduras mixtas (brócoli, elote -maíz-, pimiento morrón rojo) descongeladas
4 tazas de papas (patatas) hash brown descongeladas
1⅓ tazas (90 g) de aros de cebolla fritos
½ cucharadita de sal sazonada
¼ de cucharadita de pimienta negra recién molida
½ taza (60 g) de queso cheddar rallado

Caliente el horno a 190 °C. Coloque el queso en un refractario de 30×20 cm. Hornee hasta que se derrita el queso, por unos 5 minutos. Con un tenedor, bata la leche con el queso, hasta mezclar bien. Agregue la carne, las verduras, las papas, ⅔ de taza de aros de cebolla y los sazonadores. Cubra y hornee a 190 °C durante 30 minutos. Incorpore el queso cheddar y ponga ⅔ de taza de aros de cebolla en el centro. Hornee, sin cubrir, por 3 minutos o hasta que las cebollas se doren.

Rinde de 4 a 6 porciones

Instrucciones para Microondas: En un refractario de 30×20 cm, mezcle el queso y la leche. Hornee, sin cubrir, durante 3 minutos a temperatura ALTA. Agregue los ingredientes según las instrucciones. Tape y hornee por 14 minutos, moviendo la carne a la mitad del tiempo de cocción. Añada el queso cheddar y ⅔ de taza de aros de cebolla. Cocine, sin cubrir, durante 1 minuto o hasta que el queso se derrita. Deje reposar por 5 minutos.

Papa con Jamón al Gratín

Horneado Fácil de Res con Papa

4 tazas de papas (patatas) hash brown descongeladas
3 cucharadas de aceite vegetal
⅛ de cucharadita de pimienta
450 g de carne molida de res
1 taza de agua
1 paquete (20 g) de gravy oscuro
½ cucharadita de sal de ajo
1 paquete (285 g) de verduras mixtas descongeladas y escurridas
1 taza (120 g) de queso cheddar rallado
1⅓ tazas (30 g) de aros de cebolla fritos

Caliente el horno a 200 °C. En un molde de 30×20 cm, mezcle las papas, el aceite y la pimienta. Presione firmemente la mezcla de manera uniforme en el molde y en la orilla. Hornee, sin cubrir, a 200 °C por 15 minutos. Mientras tanto, en una sartén grande, dore la carne y escurra la grasa. Agregue el agua, el gravy y la sal de ajo; hierva. Añada las verduras y reduzca el fuego a medio. Cueza, sin tapar, durante 5 minutos. Retire del fuego y ponga ½ taza de queso y ⅔ de taza de aros de cebolla. Coloque sobre la base de papa. *Reduzca la temperatura del horno a 180 °C.* Hornee, sin cubrir, a 180 °C durante 15 minutos. Agregue el queso y los aros de cebolla restantes. Hornee, sin cubrir, por 5 minutos o hasta que las cebollas se doren.

Rinde de 4 a 6 porciones

Papa y Espinaca Horneadas

450 g de carne magra molida de res
½ taza de champiñones frescos rebanados
1 cebolla pequeña picada
2 dientes de ajo picados
1 paquete (285 g) de espinaca picada descongelada
½ cucharadita de nuez moscada molida
450 g de papas (patatas) russet peladas, cocidas y machacadas
¼ de taza de crema agria light
¼ de taza de leche descremada
Sal y pimienta recién molida
½ taza (60 g) de queso cheddar rallado

Caliente el horno a 200 °C. Rocíe una cacerola de 23 cm con aceite en aerosol.

Dore la carne en una sartén grande. Escurra la grasa. Agregue los champiñones, la cebolla y el ajo. Cueza hasta obtener una consistencia suave. Añada la espinaca y la nuez moscada; cubra. Caliente bien, moviendo ocasionalmente.

Mezcle las papas, la crema agria y la leche. Incorpore a la mezcla de carne molida; sazone con sal y pimienta al gusto. Ponga en la cacerola que preparó. Espolvoree el queso.

Hornee de 15 a 20 minutos o hasta que esponje ligeramente y el queso se derrita.

Rinde 6 porciones

Pay de Pollo y Papa

420 ml de consomé de pollo
  1 hoja de laurel
  ½ cucharadita de pimienta blanca
  2 tazas de papas (patatas) en cuadritos
  1 paquete (450 g) de verduras mixtas
      congeladas
  1 tallo de apio picado
  3 cucharadas de mantequilla o margarina
  3 cucharadas de harina de trigo
  3 tazas de pollo cocido en cuadritos
  4 huevos cocidos rebanados
      Base para pay de 23 cm

Mezcle el consomé, la hoja de laurel y la
pimienta en una olla grande pesada. Hierva.
Agregue las papas y tape; reduzca el fuego a
medio y cueza por 5 minutos. Incorpore las
verduras y el apio. Vuelva a hervir. Tape y
reduzca el fuego, y hierva de 8 a 12 minutos.
Retire la hoja de laurel. Escurra las verduras;
conserve el consomé. Derrita la mantequilla en
una olla a fuego medio; añada la harina,
moviendo hasta obtener una consistencia suave.
Cueza por 1 minuto, moviendo a menudo. Poco a
poco, vierta el consomé que conservó; cueza,
moviendo constantemente, hasta que la mezcla
espese y burbujee. Incorpore las verduras, el pollo
y los huevos. Coloque la mezcla en una cacerola
de 2½ litros. Sobre la base para pay, coloque la
mezcla de pollo. Corte las orillas y selle. Amase
los sobrantes y haga figuras decorativas, si lo
desea. Humedezca las figuras con agua y
acomódelas sobre el pay. Haga pequeños cortes
para permitir que escape el vapor. Hornee a
200 °C durante 20 minutos o hasta que dore.

Rinde de 6 a 8 porciones

Papas Cremosas con Atún al Gratín

  2 tazas de leche
  2 tazas de crema batida
  2 dientes de ajo picado
1.125 kg de papas (patatas) blancas o russet
      (unas 6 medianas)
  ¾ de cucharadita de sal
  ½ cucharadita de pimienta blanca
  1 cucharada de mantequilla o margarina
  1 lata (360 g) de atún en agua, escurrido y
      en trocitos
1½ tazas de queso mozzarella rallado

En una sartén de 3 litros de capacidad, a fuego
medio, caliente la leche, la crema y el ajo
mientras prepara las papas. Pele las papas y
córtelas en rebanadas de .3 a .5 cm de grosor.
Agregue las papas, la sal y la pimienta blanca a la
mezcla de leche. Deje hervir.

Engrase con mantequilla un refractario de
28×18 cm. Coloque la mezcla de papa en el
refractario. Hornee por 25 minutos y retire del
horno. Agregue el atún, moviendo con cuidado;
añada el queso. Hornee durante 35 minutos más
o hasta que las papas estén bien cocidas y la parte
superior esté dorada. Cubra y deje reposar por
15 minutos hasta que espese.

Rinde de 6 a 8 porciones

Tiempo de Preparación: 70 minutos

Cacerola de Salchichón, Camote y Manzana

2 camotes (batatas), pelados y en cubos de 2.5 cm

2 manzanas peladas, descorazonadas y en cubos de 2.5 cm

1 cebolla en tiras de 1 cm

2 cucharadas de aceite vegetal

40 g de sazonador de hierbas con ajedrea y ajo

450 g de salchicha gourmet de pavo con cebolla y hierbas, en piezas diagonales de 2 cm

Caliente el horno a 200 °C.

Rocíe un molde de 33×23 cm con aceite en aerosol. Mezcle las papas, las manzanas, la cebolla, el aceite y el sazonador en un recipiente grande. Mezcle bien. Coloque la mezcla de papa en el molde que preparó. Cubra y hornee durante 30 minutos. Agregue la salchicha a la mezcla de papa y hornee de 5 a 10 minutos o hasta que la salchicha esté bien caliente y las papas estén suaves.   *Rinde de 4 a 5 porciones*

Cacerola de Manzana Horneada y Camote

6 camotes (batatas)

3 manzanas

2 cucharadas de mantequilla derretida

½ taza de jugo de naranja

¼ de taza de azúcar morena

¼ de taza de ron

⅛ de cucharadita de canela molida

⅛ de cucharadita de especias mixtas (allspice) molidas

Caliente el horno a 180 °C. Cueza las papas al vapor. Retire la cáscara y corte las papas en rebanadas. Pele y descorazone las manzanas; rebane en anillos. Engrase un molde de 23×15 cm con 1 cucharada de mantequilla; alterne las capas de papa y manzana hasta llenar el molde. Combine el jugo de naranja, el azúcar, el ron, las especias y 1 cucharada de azúcar, y vierta todo en la mezcla de papa. Hornee durante 30 minutos o hasta que dore y el líquido se haya absorbido.   *Rinde 6 porciones*

Cacerola de Manzana Horneada y Camote

Pay de Pavo y Camote

690 g de camote (batata) cocido y escurrido
2 cucharadas de margarina derretida
¼ de cucharadita de especias para pay
Aceite en aerosol
2 tazas de carne de pavo cocida (en cuadritos de 1.5 a 2 cm)
1 lata (300 ml) de crema de champiñones
1 bolsa (250 g) de ejotes (judías verdes) descongelados
1 lata (60 g) de champiñones picados y escurridos
½ cucharadita de sal y de pimienta negra
2 cucharadas de cebolla frita machacada
1 lata (225 g) de salsa de arándano rojo (opcional)

1. En un recipiente mediano, mezcle los camotes, la margarina y las especias para pay hasta obtener una consistencia suave. Rocíe un molde para pay de 23 cm con aceite en aerosol. Cubra el molde con la mezcla de papa para formar una base para pay.

2. En un recipiente mediano, combine el pavo, la crema, los ejotes, los champiñones, la sal y la pimienta. Vierta la mezcla en la base que preparó. Añada las cebollas y hornee a 180 °C por 30 minutos. Sirva con salsa de arándano, si lo desea.
Rinde 6 porciones

Escalope de Jamón y Pavo

1 paquete (150 g) de puré de papa (patata) más los ingredientes indicados en el paquete
1 bolsa (450 g) de brócoli picado, congelado
225 g de jamón cocido, en cubos de 1.5 cm
½ taza de queso cheddar rallado (opcional)

• Prepare el puré de acuerdo con las instrucciones para cocción en estufa. Agregue el brócoli y el jamón cuando añada la leche y la mantequilla.

• Ponga encima el queso justo antes de servir.
Rinde 4 porciones

Sugerencia para Servir: Vierta la mezcla en una cacerola poco profunda. Espolvoree el queso y ase hasta que se dore.

Tiempo de Preparación: 5 minutos

Tiempo de Cocción: 25 minutos

Pay de Pavo y Camote

Cacerola de Papa y Chile

450 g de embutido de cuete horneado de res,
    en cubos
1 taza de cebolla picada
1 huevo ligeramente batido
¼ de taza de pan molido
1 cucharada de chile en polvo
    Sal al gusto
3 tazas de puré de papa (patata) preparado
300 g de succotash escurrido*
¼ de taza de cebollín finamente rebanado
1 taza (120 g) de queso para fundir rallado

Caliente el horno a 190 °C.

Mezcle la carne, la cebolla, el huevo, el pan
molido, el chile y la sal en un recipiente grande.
Vierta la mezcla de carne en un refractario
mediano, presionando firmemente. Hornee por
20 minutos. Escurra el líquido.

Combine las papas, el succotash y el cebollín en
un recipiente mediano. Extienda la mezcla de
papa sobre la mezcla de carne. Espolvoree encima
el queso. Ase de 7.5 a 10 cm de la fuente de
calor, de 3 a 5 minutos o hasta que la parte
superior se haya dorado.

Rinde de 4 a 6 porciones

*El succotash es un guiso de los indios americanos, no
fácilmente disponible en tiendas especializadas. Usted
puede sustituirlo con una mezcla de frijoles con habas
salteados en mantequilla y sazonados con sal y pimienta.

Pay del Pastor

2 tazas de pierna de cordero cocida y
    picada
2 papas (patatas) grandes, cocidas, en
    cubos
2 tazas de gravy oscuro
1 taza de chícharos (guisantes) cocidos
1 taza de zanahoria rebanada
3 cebollines rebanados
1 diente de ajo picado
1 cucharadita de pimienta negra
2 bases para pay refrigeradas

En un recipiente grande, mezcle el cordero, las
papas, el gravy, los chícharos, la zanahoria, el
cebollín, el ajo y la pimienta negra.

Coloque la base para pay en un molde de 23 cm.
Rellene con la mezcla de cordero. Cubra con la
otra base para pay.* Presione las orillas. Haga
pequeños cortes en la parte superior para permitir
que escape el vapor.

Hornee a 180 °C durante 30 minutos o hasta que
la base esté dorada.   *Rinde de 4 a 6 porciones*

*O utilice puré de papa en lugar de la base para pay.

Cacerola de Papa y Chile

Papas Coronadas con Brócoli y Queso

4 papas (patatas) grandes (de 180 a 225 g cada una)
2 tazas de floretes de brócoli
1 taza de leche descremada
½ taza de queso cottage
1 cucharadita de mostaza seca
½ cucharadita de hojuelas de pimienta roja
1 taza (120 g) de queso cheddar rallado
1 taza (120 g) de queso mozzarella rallado
2 cucharadas de harina de trigo

1. Pinche las papas varias veces con un tenedor. Colóquelas en el horno de microondas sobre una toalla de papel. Hornee a temperatura ALTA durante 15 minutos o hasta que se suavicen. Envuelva en toallas de papel y deje reposar por 5 minutos.

2. Hierva el agua en una olla mediana a fuego medio. Agregue el brócoli. Cueza durante 5 minutos o hasta que el brócoli esté listo. Escurra y deseche el agua. Añada la leche, el queso cottage, la mostaza y la pimienta roja al brócoli. Hierva. Baje el fuego a medio. Retire del fuego.

3. Mezcle ¾ de taza de queso cheddar, el queso mozzarella y la harina en un recipiente mediano. Cubra el queso con la harina; agregue a la mezcla de brócoli. Fría a fuego medio-bajo hasta que el queso se derrita y la mezcla espese.

4. Corte las papas. Reparta la mezcla de brócoli entre las papas. Espolvoree ¼ de taza de queso cheddar.

Rinde 4 porciones

Papas Toluqueñas

Sazonador de especias y chile al gusto
450 g de carne de pavo molida
1 lata (440 g) de frijol bayo, sin escurrir
1 lata (420 g) de tomates rojos enteros, cocidos, pelados y cortados
½ taza de agua
8 papas (patatas) russet medianas, lavadas y pinchadas con un tenedor
1 taza (120 g) de queso cheddar rallado
½ taza de cebollín finamente rebanado

Instrucciones para Microondas: En un refractario grande, sazone el pavo molido con el condimento; combine con los frijoles, los tomates y el agua. Caliente. Hornee las papas en el microondas durante 25 minutos a temperatura ALTA, volteando después de 12 minutos. Corte las papas a lo largo y revuelva la parte interna con un tenedor para que esponjen. Corone cada papa con ½ a ¾ de taza de la mezcla de pavo, 2 cucharadas de queso y 1 cucharada de cebolla.

Rinde 8 porciones

Sugerencia para Servir: Agregue crema agria, si lo desea. Sirva con una mezcla de ensalada verde y fruta fresca.

Papas Coronadas con Brócoli y Queso

Papas Coronadas de Stroganoff y Calabacita

4 papas (patatas) de 225 g cada una
340 g de carne molida de res
¾ de taza de cebolla picada
1 taza de champiñones rebanados
2 cucharadas de salsa catsup
1 cubo de consomé de res
1 cucharadita de salsa inglesa
¼ de cucharadita de pimienta negra recién
   molida
¼ de cucharadita de salsa picante
1 calabacita mediana, en tiras julianas
½ taza de crema agria

1. Pinche varias veces las papas con un tenedor. Coloque en el microondas sobre toallas de papel. Hornéelas a temperatura ALTA durante 15 minutos o hasta que se suavicen. Envuelva en toallas de papel. Deje reposar por 5 minutos.

2. Caliente en una sartén a fuego medio-alto. Agregue la carne y la cebolla. Cueza por 5 minutos o hasta que se dore la carne. Añada los demás ingredientes, excepto la calabacita y la crema agria. Tape y deje hervir durante 5 minutos. Incorpore la calabacita. Tape y cueza por 3 minutos. Retire del fuego. Vierta ¼ de taza de crema agria. Tape y deje reposar durante 5 minutos.

3. Parta las papas con un cuchillo. Divida la mezcla de carne entre las papas. Corone con ¼ de taza de crema agria. *Rinde 4 porciones*

Tiempo de Preparación y Cocción: 25 minutos

Papas al Queso con Brócoli

6 papas (patatas) horneadas y calientes,
   partidas por la mitad
1½ tazas de brócoli cocido y picado
1⅓ tazas (85 g) de aros de cebolla fritos
¾ de taza de salsa de queso americano,
   derretido

Coloque las papas en un recipiente para microondas. Con el tenedor, remueva el interior de cada papa para que esponjen. Distribuya el brócoli y la cebolla de manera uniforme entre las papas. Hornee en el microondas, a temperatura ALTA, durante 2 minutos o hasta que las cebollas se doren. Bañe las papas con la salsa de queso. *Rinde 6 porciones*

Sugerencia: Para hornear rápidamente las papas, hornéelas en el microondas a temperatura ALTA de 20 a 25 minutos.

Tiempo de Preparación: 15 minutos

Tiempo de Cocción: 2 minutos

Papas Coronadas de Stroganoff y Calabacita

Brochetas de Pollo y Verduras

12 papas (patatas) nuevas o rojas (450 g)
  Glaseado Dorado (receta más adelante)
450 g de pechugas o muslos de pollo, sin hueso ni piel, en trozos de 2.5 cm
1 pimiento morrón rojo o amarillo, en trozos de 2.5 cm
½ cebolla morada pequeña, en trozos de 2.5 cm

1. Prepare la parrilla para cocción directa.

2. Cueza las papas en agua hirviente hasta que estén casi suaves, durante unos 10 minutos (u hornee en el microondas, a temperatura ALTA, de 3 a 4 minutos o hasta que casi se suavicen). Enjuague con agua fría para detener la cocción.

3. Prepare el Glaseado Dorado. De manera alternada, coloque el pollo, las papas, el pimiento y la cebolla en 8 brochetas de metal (de 30 cm). Barnice los ingredientes de la brocheta con el glaseado.

4. Ponga las brochetas sobre la parrilla a fuego medio-alto. Ase, sin cubrir, por 14 minutos para pechugas o durante 16 minutos para muslos, o hasta que el pollo esté bien cocido y las verduras estén suaves y crujientes; voltee las brochetas una vez. Sazone con sal al gusto.   *Rinde 4 porciones*

Glaseado Dorado

¼ de taza de mermelada de durazno o chabacano
2 cucharadas de mostaza oscura condimentada
2 dientes de ajo picados

1. Combine todos los ingredientes. Guarde la mezcla en el refrigerador hasta por 2 semanas.
Rinde más o menos ⅓ de taza

Salpicón de Pollo Ahumado

675 g de papas (patatas) russet, sin pelar
2 cucharadas de aceite de oliva
1 cucharadita de sal
¼ de cucharadita de pimienta negra
  Aceite en aerosol
2 tazas de cebolla morada o amarilla picada
2 cucharadas de ajo picado
2 tazas de pimiento morrón rojo picado
⅛ a ¼ de cucharadita de pimienta de Cayena
2 tazas de pollo o pavo ahumado, desmenuzado
1 lata (315 g) de granos de elote (maíz)

Corte las papas en tiras de 1.5 a 2 cm. Revuelva con 1 cucharada de aceite de oliva, ½ cucharadita de sal y la pimienta. Rocíe un molde de 37.5×25×2.5 cm con aceite en aerosol. Acomode las papas en una sola capa y ase a 230 °C de 20 a 30 minutos o hasta que estén suaves, moviendo y volteando ocasionalmente. En una sartén grande, caliente 1 cucharada de aceite. Saltee las cebollas y el ajo. Agregue los pimientos, ½ cucharadita de sal y la pimienta de Cayena. Fría hasta que los pimientos estén suaves y crujientes. Añada el pollo, el elote y las papas. Cueza y mueva hasta que se caliente.
Rinde de 6 a 8 porciones

Pay de Cazuela de Pollo y Vainas

2½ tazas de consomé de pollo
1 papa (patata) mediana, pelada y en trozos de 1.5 cm
1½ tazas de zanahoria (en rebanadas de 1.5 cm)
1 taza de cebolla de cambray congelada
½ cucharadita de romero seco
½ cucharadita de salsa muy picante
¼ de cucharadita de sal
1 pimiento morrón rojo mediano, picado
120 g (más o menos 1 taza) de vainas de chícharos partidas por la mitad
3 cucharadas de mantequilla o margarina
¼ de taza de harina de trigo
225 g de pechuga de pollo, cocida y en tiras de 7.5×2.5 cm
1 hoja de pasta hojaldrada congelada
1 huevo batido con 1 cucharadita de agua

En una sartén pesada, hierva el consomé de pollo a fuego alto. Agregue las papas, las zanahorias, las cebollas, el romero, la salsa picante y la sal. Reduzca el fuego a medio, tape y deje hervir de 8 a 10 minutos o hasta que las verduras estén suaves. Añada el pimiento y las vainas. Hierva por 30 segundos. Escurra las verduras; conserve el consomé de pollo.

Derrita la mantequilla en una sartén a fuego bajo. Vacíe la harina y cueza de 3 a 4 minutos, moviendo constantemente. Vierta 2 tazas del consomé de pollo y bata bien hasta que suavice. Hierva a fuego medio, moviendo de vez en cuando. Reduzca el fuego a bajo y deje hervir durante 5 minutos, moviendo a menudo hasta que espese y burbujee.

Ponga las tiras de pollo en platos para suflé ligeramente engrasados. Coloque encima las verduras y la salsa.

Caliente el horno a 245 °C.

Descongele la pasta y extiéndala sobre una superficie enharinada, de acuerdo con las instrucciones del paquete. Corte la pasta en cuatro rectángulos. Barnice los bordes con un poco de mezcla de huevo. Coloque los rectángulos sobre sendos platos y presione firmemente las orillas para sellar. Corte la masa y pliegue las orillas. Barnice la parte superior con la mezcla de huevo restante.

Coloque los platos sobre una charola y hornee de 10 a 12 minutos o hasta que la pasta esponje y dore. Sirva de inmediato. *Rinde 4 porciones*

Horneado de Pollo

3 tazas de puré de papa (patata), caliente
1 taza (120 g) de queso cheddar rallado
1⅓ tazas (80 g) de aros de cebolla fritos
1½ tazas (210 g) de pollo cocido, en cubitos
1 paquete (225 g) de verduras mixtas
   descongeladas
1 lata (300 g) de crema de pollo
   condensada
¼ de taza de leche
½ cucharadita de mostaza molida
¼ de cucharadita de ajo en polvo
¼ de cucharadita de pimienta

Caliente el horno a 190 °C. En un recipiente mediano, mezcle el puré, ½ taza de queso y ⅔ de taza de aros de cebolla. Coloque la mezcla de papa en una cacerola de 1½ litros, engrasada. Usando la parte posterior de una cuchara, distribuya el puré en la cacerola para formar una concha. En un recipiente grande, revuelva el pollo, las verduras, la crema, la leche y los sazonadores. Vacíe sobre la papa. Hornee, sin cubrir, a 190 °C. Agregue el queso y ⅔ de taza de cebollas. Hornee sin cubrir durante 3 minutos o hasta que las cebollas estén doradas. Deje reposar por 5 minutos antes de servir.

Rinde de 4 a 6 porciones

Sartén de Pollo y Verduras

8 muslos de pollo, sin piel y sin grasa
¾ de cucharadita de sal
1 cucharada de aceite vegetal
3 papas (patatas) rojas mediana, talladas y
   en rebanadas de .5 cm
1 cebolla mediana picada
225 g de champiñones en cuartos
1 tomate rojo grande poco picado
¼ de taza de consomé de pollo
¼ de taza de vino blanco seco
¼ de cucharadita de orégano seco
¼ de cucharadita de pimienta negra
1 cucharada de perejil fresco picado

Sazone el pollo con ¼ de cucharadita de sal. En una sartén antiadherente grande, caliente el aceite a fuego medio-alto. Agregue el pollo y cueza, volteando, durante unos 8 minutos o hasta que el pollo esté dorado por ambos lados. Retire el pollo. En la misma sartén, coloque en capas las papas, la cebolla, el pollo, los champiñones y el tomate. Mezcle el consomé de pollo con el vino. Vierta sobre el pollo y las verduras. Espolvoree el orégano, ½ cucharadita de sal y la pimienta. Ponga a hervir; tape y reduzca el fuego a medio-bajo. Cueza por unos 20 minutos o hasta que el pollo y las verduras estén suaves al tocarlos con un tenedor. Espolvoree el perejil antes de servir.

Rinde 4 porciones

Horneado de Pollo

Coq au Vin

4 rebanadas delgadas de tocino (beicon), en trozos de 1.5 cm
6 muslos de pollo, sin piel
¾ de cucharadita de tomillo seco
1 cebolla grande poco picada
4 dientes de ajo picados
225 g de papas (patatas) rojas pequeñas, en cuartos
10 champiñones en cuartos
420 g de tomates rojos picados y cocidos con ajo y cebolla
1½ tazas de vino tinto seco

1. Cocine el tocino en una sartén de 4 litros, hasta que se empiece a dorar. Añada el pollo con el tomillo; sazone con sal y pimienta, si lo desea.

2. Agregue el pollo a la sartén. Dore a fuego medio-alto. Incorpore la cebolla y el ajo. Cueza por 2 minutos y escurra.

3. Ponga las papas, los champiñones, los tomates y el vino. Cueza, sin tapar, a fuego medio-alto durante 25 minutos o hasta que las papas estén tiernas y la salsa espese, moviendo ocasionalmente. Adorne con el perejil picado, si lo desea.   *Rinde de 4 a 6 porciones*

Tiempo de Preparación y Cocción: 45 minutos

Pollo Vesubio Asado con Papas

1 pollo (de unos 1.700 kg)
⅓ de taza de aceite de oliva
2 cucharadas de jugo de limón fresco
4 dientes de ajo picados
3 papas (patatas) grandes, peladas y en cuartos
Sal
Pimienta negra recién molida

Caliente el horno a 190 °C. Coloque el pollo, con la pechuga hacia abajo, en una cacerola poco profunda, engrasada. Ponga la cacerola sobre la parrilla para asar. Mezcle el aceite, el jugo de limón y el ajo en un recipiente pequeño. Barnice el pollo. Guarde la mezcla de aceite. Hornee el pollo por 30 minutos.

Voltee el pollo para que la pechuga quede arriba. Incorpore las papas. Barnice el pollo y las papas con el resto de la mezcla de aceite. Sazone con sal y pimienta al gusto. Hornee durante 50 minutos o hasta que la temperatura interna del pollo alcance 81 °C en el termómetro de carne (que deberá insertar en la parte más gruesa del pollo) y las papas estén doradas y suaves. Bañe con los jugos cada 20 minutos. Transfiera el pollo a la tabla para cortar. Cubra con papel de aluminio. Deje reposar de 5 a 10 minutos.
          Rinde de 4 a 6 porciones

Coq au Vin

Pavo Asado con Puré Dulce de Verduras

¼ de taza de margarina
1 cebolla grande poco picada
4 tallos de apio rebanados
1 paquete (315 g) de fruta seca mixta picada
1 manzana Granny Smith, poco picada
1 taza de almendras rebanadas o nueces picadas
⅓ de taza de perejil fresco picado
¼ de cucharadita de clavos molidos
1 pavo entero (de 5.400 a 6.300 kg)
6 camotes (batatas) medianos, pelados y en trozos de 2.5 cm
6 a 8 zanahorias finamente rebanadas
5 chalotes grandes pelados
½ taza de vino kosher blanco seco

Caliente el horno a 160 °C. Derrita la margarina en una olla grande a fuego medio. Agregue la cebolla y cueza, moviendo ocasionalmente, hasta que esté tierna. Retire del fuego y añada el apio, la fruta, la manzana, las almendras, el perejil y los clavos. Sazone con sal y pimienta al gusto. Coloque la mezcla de fruta en la cavidad del pavo. Ate las piernas del pavo con hilo de cocina. Acomode el pavo, con la pechuga hacia abajo, sobre la parrilla del asador. Sazone con sal y pimienta, si lo desea. Vierta ½ taza de agua en la cacerola. Hornee, sin tapar, durante 1½ horas. Retire el pavo de la cacerola. Regrese el pavo, con la pechuga hacia arriba, al asador. Acomode los camotes, las zanahorias y las cebollas alrededor del pavo. Sazone con sal y pimienta, si lo desea. Bañe el pavo con los jugos acumulados. Vierta el vino. Hornee de 2 a 2½ horas o hasta que la temperatura interna del muslo del pavo alcance 81 °C y las piernas se puedan mover fácilmente. Bañe con los jugos cada 30 minutos. Retire el pavo y colóquelo en una charola para cortar. Cubra con papel de aluminio. Deje reposar durante 10 minutos. Retire las verduras de la cacerola y colóquelas en el procesador de alimentos. Procese hasta obtener una consistencia suave. Retire el relleno de fruta de la cavidad del pavo. Rebane el pavo. Sirva con el puré de verduras y el relleno de fruta.

Rinde 12 porciones

Pollo Vesubio

1 pollo entero (de unos 1.700 kg)
¼ de taza de aceite de oliva
3 cucharadas de jugo de limón
4 dientes de ajo picados
3 papas (patatas) grandes, peladas y en cuartos
Sal y lemon pepper (especia)

Caliente el horno a 190 °C. Coloque el pollo, con la pechuga hacia abajo, en una charola para asar, en la parrilla. Mezcle el aceite de oliva, el jugo de limón y el ajo. Barnice el pollo con ½ de la mezcla. Guarde el resto de la mezcla de aceite. Ase el pollo, sin cubrir, durante 30 minutos. Voltee el pollo. Acomode las papas alrededor del pollo en la charola para asar. Barnice el pollo y las papas con el resto de la mezcla de aceite. Sazone con sal y lemon pepper al gusto. Ase el pollo y las papas, bañando ocasionalmente con los jugos acumulados en la charola, durante 50 minutos o hasta que el termómetro insertado en la parte más gruesa de la pierna del pollo, sin tocar el hueso, registre 81 °C y las papas estén suaves.   *Rinde de 4 a 6 porciones*

Pavo Asado con Puré Dulce de Verduras

Res Bourguignon

1 filete de sirloin de 1.5 cm de grosor, magro, en trozos de 1.5 cm (unos 1.350 kg)
½ taza de harina de trigo
4 rebanadas de tocino (beicon) picado
3 tazas de vino de borgoña o de consomé de res
2 zanahorias medianas picadas
1 cucharadita de mejorana seca machacada
1 cucharadita de tomillo seco machacado
½ cucharadita de sal
Pimienta negra al gusto
1 hoja de laurel
2 cucharadas de aceite vegetal
20 a 24 cebollas de cambray
8 papas (patatas) nuevas rojas pequeñas, en cuadritos
8 a 10 champiñones rebanados
3 dientes de ajo picados

Cubra la carne con la harina; quite el exceso.

Fría el tocino en una olla grande y pesada, a fuego medio-alto, hasta que esté parcialmente cocido. Dore la mitad de la carne con el tocino a fuego medio-alto. Retírela de la olla. Dore la carne restante; escurra la grasa. Regrese la carne y el tocino a la olla. Agregue el vino, la zanahoria, la mejorana, el tomillo, la sal, la pimienta y la hoja de laurel. Hierva a fuego alto. Reduzca el fuego a bajo. Tape y deje hervir durante 10 minutos.

Mientras tanto, caliente el aceite en una sartén grande a fuego medio-alto. Fría las cebollas, las papas, los champiñones y el ajo por 10 minutos; pase todo a la olla. Tape y cueza a fuego bajo durante 50 minutos o hasta que la carne esté suave al tocarla con un tenedor. Deseche la hoja de laurel antes de servir. *Rinde de 10 a 12 porciones*

Carne de Res al Curry

2 cucharadas de aceite vegetal
2 cebollas picadas
1 pieza de jengibre fresco (de unos 2.5 cm cuadrados) picado
2 dientes de ajo picados
2 cucharadas de curry en polvo
1 cucharadita de sal
2 papas (patatas) grandes (450 g) peladas y en piezas de 2.5 cm
1 taza de consomé de res
450 g de carne molida de res
2 tomates rojos maduros (360 g) pelados, sin semillas y picados
Arroz cocido y caliente

Caliente un wok o una sartén grande a fuego medio-alto durante 1 minuto. Vierta el aceite en el wok. Agregue la cebolla y fríala por 2 minutos. Añada el jengibre, el ajo, el curry y la sal. Fría durante 1 minuto hasta que suelte el olor. Incorpore las papas y cueza por 3 minutos. Vierta el consomé a la mezcla de papa. Tape y deje hervir. Reduzca el fuego a bajo y hierva por unos 20 minutos o hasta que las papas estén suaves.

Ponga la carne en la mezcla de papa. Fría durante 5 minutos o hasta que la carne se dore y pierda su color rosado. En caso necesario, quite la grasa con una cuchara. Coloque los trozos de tomate y mueva cuidadosamente hasta que se calienten. Sirva la mezcla en un plato. Corone con el arroz en el centro. Adorne al gusto.

Rinde 4 porciones

Res Bourguignon

Roast Beef a las Hierbas con Papas

1 pieza (2 kg) de sirloin para asar
¾ de taza más 2 cucharadas de aceite de oliva
2 cucharadas de pimentón
1 kg de papas (patatas) rojas pequeñas, cortadas por la mitad
1 taza de pan molido
1 cucharadita de tomillo seco
1 cucharadita de romero seco
½ cucharadita de sal
¼ de cucharadita de pimienta negra recién molida

Caliente el horno a 160 °C. Barnice la carne con 2 cucharadas de aceite de oliva. Sazone al gusto con sal y pimienta. Coloque en una charola grande para asar. Ase por 45 minutos.

Mientras tanto, en un recipiente grande, mezcle ½ taza de aceite de oliva y el pimentón. Agregue las papas y revuelva ligeramente. En un recipiente pequeño, combine el pan molido, el tomillo, el romero, ½ cucharadita de sal, ¼ de cucharadita de pimienta y ¼ de taza de aceite de oliva.

Con cuidado, retire la carne del horno. Acomode las papas alrededor de la carne. Presione el pan molido encima para formar una capa. Espolvoree el resto de la mezcla de pan sobre las papas. Ase de 40 a 45 minutos más o hasta que el termómetro para carne registre 60 °C para término medio, o hasta obtener el término deseado. Transfiera a una tabla para cortar. Cubra con papel de aluminio y deje reposar de 5 a 10 minutos antes de cortar. Corte rebanadas de .5 cm de grosor. Sirva de inmediato con las papas, cubriendo la carne con los residuos de mezcla de pan.   *Rinde 8 porciones*

Olla de Asado

⅔ de taza de salsa para carne
    Sazonador de cebolla al gusto
1 taza de agua
1 lomo de res (de 1.125 kg) para asar, sin hueso
6 papas (patatas) medianas en cuartos
6 zanahorias medianas, peladas y en trozos de 2.5 cm
2 cucharadas de harina de trigo

En un recipiente pequeño, mezcle la salsa para carne, el sazonador y ¾ de taza de agua.

Forre un refractario o un platón con papel de aluminio. Coloque la carne en el centro; ponga alrededor las papas y las zanahorias. Vierta la mezcla de salsa de manera uniforme sobre la carne y las verduras. Selle el papel de aluminio. Hornee a 180 °C durante 2 horas o hasta que la carne esté suave. Ponga la carne en un plato caliente. Pase las verduras al mismo plato. Deseche el aluminio.

Para el gravy, disuelva el resto de la harina en ¼ de taza de agua. Vierta al liquido de la sartén. Cocine hasta que espese, moviendo ocasionalmente. Rebane la carne y sirva con las verduras y el gravy.   *Rinde 8 porciones*

Roast Beef a las Hierbas con Papas

Carne al Curry Masaman

Pasta Curry Masaman (receta más
    adelante)
1 kg de papas (patatas) cocidas
4 cucharadas de aceite vegetal
1 cebolla mediana en tiras
675 g de lomo de res, sin hueso, en trozos de
    2.5 cm
2 latas (de unos 400 ml cada una) de leche
    de coco sin endulzar
3 cucharadas de salsa de pescado
1 pimiento morrón rojo grande, en tiras
½ taza de cacahuates (maní) tostados,
    picados
2 cucharadas de jugo de limón
¼ de taza de albahaca o de cilantro fresco
    picado

1. Prepare la Pasta Curry Masaman.

2. Pele las papas y córtelas en trozos de 4 cm.
Colóquelas en un recipiente con agua fría.

3. Caliente 1 cucharada de aceite en un wok o en
una sartén grande, a fuego medio-alto. Agregue la
cebolla y fría de 6 a 8 minutos o hasta que dore.
Transfiera la cebolla al recipiente con agua.

4. Añada 1 cucharada de aceite al wok. Aumente
el fuego a alto. Ponga la mitad de la carne. Fría de
2 a 3 minutos o hasta que se dore por todos lados.
Transfiera la carne a otro recipiente. Repita la
operación con el resto de la carne; si es necesario,
añada 1 cucharada de aceite para prevenir que se
pegue.

5. Reduzca el fuego a medio. Vierta 1 cucharada de
aceite y la Pasta Curry en el wok. Fría de 1 a
2 minutos o hasta que suelte el olor. Incorpore la
leche de coco y la salsa de pescado. Quite los
pedacitos de carne y especias pegados en el fondo.

6. Regrese la carne al wok. Aumente el fuego y deje
hervir. Reduzca el fuego a bajo; tape y deje hervir por
45 minutos o hasta que la carne esté suave.

7. Escurra las papas y agréguelas al wok junto con la
cebolla. Cueza de 20 a 30 minutos más o hasta que
las papas estén suaves. Añada el pimiento y cueza de
1 a 2 minutos más o hasta que el pimiento esté bien
caliente.

8. Ponga los cacahuates y el jugo de limón. Vierta en
un tazón y espolvoree la albahaca. Sirva con arroz o
macarrones y adorne al gusto.   *Rinde 6 porciones*

Pasta Curry Masaman

Ralladura de la cáscara de 2 limones
6 cucharadas de jengibre poco picado
3 cucharadas de ajo poco picado (de 10 a
    12 dientes)
2 cucharadas de comino molido
2 cucharadas de nuez moscada o macis
    molido
4 cucharaditas de azúcar morena
2 cucharaditas de canela molida
2 a 4 cucharaditas de pimienta roja molida*
2 cucharaditas de pimentón
2 cucharaditas de pimienta negra
2 cucharaditas de pasta de anchoas o
    1 filete de anchoa picado
1 cucharadita de cúrcuma
1 cucharadita de clavo molido

*Utilice 2 cucharaditas de pimienta roja molida para pasta
medio picante, y hasta 4 para una muy picante.

Coloque todos los ingredientes en el procesador de
alimentos o en la licuadora. Procese hasta que se
forme una pasta seca.   *Rinde más o menos ½ taza*

Carne al Curry Masaman

Sofrito de Carne y Papa

1 cucharada de aceite vegetal

1 papa (patata) grande, pelada y en cubos de 1.5 cm

2 zanahorias medianas, peladas y finamente rebanadas

1 cebolla mediana, cortada por la mitad y rebanada

⅔ de taza de consomé de res

1 cucharadita de sal

450 g de carne magra de res, molida

1 diente de ajo grande picado

1 cucharada de perejil seco

1 cucharadita de pimentón

½ cucharadita de canela molida

½ cucharadita de comino en polvo

¼ de cucharadita de pimienta negra

1. Caliente el aceite en un wok o en una sartén grande a fuego medio-alto. Agregue las papas, las zanahorias y la cebolla. Fría durante 3 minutos. Vierta el consomé de res y ½ cucharadita de sal. Reduzca el fuego a medio. Tape y cueza de 6 a 7 minutos o hasta que la papa esté tierna; mueva una o dos veces. Retire las verduras del wok. Limpie el wok con una toalla de papel.

2. Caliente el wok a fuego medio-alto. Añada la carne y el ajo. Fría por 3 minutos o hasta que la carne pierda su color rosado. Ponga el perejil, el pimentón, la canela, el comino, ½ cucharadita de sal y la pimienta. Fría durante 1 minuto. Incorpore las verduras. *Rinde 4 porciones*

Tiempo de Preparación y Cocción: 25 minutos

Pecho Tzimme Clásico

2 cortes de primera (de 1.125 kg) o 1 pecho de res entero (de 2.250 a 2.700 kg), bien cocidos

2 cucharadas de aceite vegetal

1 cebolla grande picada

3 dientes de ajo picados

2 tazas de consomé de res o de pollo

½ taza de jugo de naranja

2 cucharadas de azúcar morena

2 cucharadas de jugo de limón fresco

1 cucharada de pasta de tomate

1 cucharadita de tomillo seco

1 cucharadita de canela molida

¼ de cucharadita de clavo molido

6 a 8 zanahorias medianas, peladas y rebanadas

3 camotes (batatas) pelados y rebanados

225 g de ciruelas pasa, sin hueso

Caliente el horno a 160 °C. Coloque la carne en una cacerola. Sazone con sal y pimienta. Caliente el aceite en una sartén a fuego medio-alto. Agregue la cebolla y el ajo. Fría durante 8 minutos. Añada el consomé, el jugo de naranja, el azúcar morena, el jugo de limón, la pasta de tomate, el tomillo, la canela y los clavos. Hierva, moviendo ocasionalmente. Vierta sobre la carne. Cubra y hornee durante 1½ horas. Ponga las zanahorias, los camotes y las ciruelas en la cacerola. Cubra y hornee de 1 a 1½ horas o hasta que la carne y las verduras estén suaves. Transfiera la carne a una tabla para cortar; cubra con papel de aluminio. Bañe la fruta y las verduras con los jugos acumulados en la cacerola y deseche la grasa. Corte la carne en rebanadas. Bañe la carne y las verduras con salsa. *Rinde de 10 a 12 porciones*

Sofrito de Carne y Papa

Brochetas Vaqueras

½ taza de salsa para carne
½ taza de salsa barbecue
2½ cucharaditas de rábano rusticano preparado
1 bistec de res (de 675 g), en tiras de 1.5 cm
4 papas (patatas) rojas medianas, en gajos
⅓ de taza de pimiento morrón rojo en tiras
⅓ de taza de pimiento morrón verde en tiras
⅓ de taza de pimiento morrón amarillo en tiras

Remoje 8 brochetas de madera (de 25 cm) en agua durante 30 minutos.

En un recipiente pequeño, mezcle la salsa para carne, la salsa barbecue y el rábano.

De manera alternada, coloque las tiras de carne (estilo acordeón) y las verduras en las brochetas. Coloque las brochetas en un recipiente que no sea de metal. Cubra con ⅔ de taza de la mezcla para carne. Cubra y refrigere durante 1 hora, volteándolas ocasionalmente.

Retire las brochetas de la marinada; deséchela. Ase las brochetas a fuego medio, a 15 cm de la fuente de calor, de 6 a 10 minutos o hasta obtener el término deseado, volteándolas ocasionalmente y bañándolas con la salsa restante. Sirva de inmediato.

Rinde 4 porciones

Tortitas de Carne con Papas

450 g de carne molida de res
½ taza de salsa para carne
½ taza de pan molido
1 huevo batido
¼ de taza de pimiento morrón verde finamente picado
¼ de taza de cebolla finamente picada
2 cucharadas de margarina derretida
4 papas (patatas) rojas (180 g), blanqueadas y en rebanadas de .5 cm
Queso parmesano rallado
Salsa para carne adicional (opcional)

En un recipiente grande, mezcle la carne, ¼ de taza de salsa para carne, el pan molido, el huevo, la pimienta y la cebolla. Forme 4 óvalos (de 10 cm) con la carne.

En un recipiente pequeño, combine ¼ de taza de salsa de carne y la margarina.

Ase la carne a fuego medio de 20 a 25 minutos y la papa de 10 a 12 minutos, o hasta que la carne pierda su color rosado en el centro y las papas estén suaves, volteándolas y bañándolas ocasionalmente con salsa. Espolvoree el queso sobre las papas. Sirva de inmediato con salsa adicional, si lo desea.

Rinde 4 porciones

Brochetas Vaqueras

Pastel de Carne con Papa

1 cebolla grande
1 pimiento morrón verde grande
1 pimiento morrón rojo grande
3 dientes de ajo grandes
450 g de carne molida de res
450 g de carne molida de ternera
¼ de taza de sustituto de huevo o 1 huevo
    grande batido
½ taza de salsa picante
1 taza de pan molido sazonado
½ taza (60 g) de queso cheddar rallado
½ cucharadita de pimienta negra molida
450 g de papas (patatas) russet (2 grandes),
    cocidas y peladas
1 taza (120 g) de queso cheddar rallado
    bajo en grasa
¼ de taza de cebollín picado
2 cucharadas de margarina sin sal

1. Caliente el asador. Coloque la cebolla, los pimientos y el ajo en una charola para hornear. Ase a 7.5 cm de la fuente de calor durante 7 minutos o hasta que adquieran una coloración oscura, volteando frecuentemente. Transfiera a una bolsa de papel y ciérrela bien. Deje reposar por 15 minutos o hasta que estén suaves. Quíteles la piel. Pique la cebolla y el ajo. Retire las semillas de los pimientos y píquelos. (Obtendrá unas 2 tazas de verdura.)

2. Caliente el horno a 180 °C; rocíe un molde de 33×23×5 cm con aceite en aerosol. En un recipiente grande, mezcle la carne, la ternera, las verduras, el sustituto de huevo (o el huevo entero), la salsa picante, el pan molido, ½ taza de queso y la pimienta negra. Revuelva con las manos. Transfiera a la charola y forme una barra de 30×18 cm, presionando ligeramente en el centro.

3. En un recipiente pequeño, con una batidora eléctrica a velocidad media-alta, bata las papas calientes con 1 taza de queso, el cebollín y la mantequilla hasta obtener una consistencia esponjosa. Unte sobre la carne, cubriendo bien los lados. Hornee durante 1 hora o hasta que el termómetro insertado en el centro de la carne marque 62 °C. Deje reposar durante 10 minutos y sirva.
Rinde 12 porciones

Pastel de Carne Coronado

1 frasco (360 g) de gravy de champiñones
    o de res
675 g de carne magra de res, molida
1 taza de pan molido
¼ de taza de cebolla finamente picada
1 huevo ligeramente batido
½ cucharadita de sal
    Pizca de pimienta
2½ tazas de puré de papa, caliente
1 cucharada de mantequilla o margarina
    derretida
    Pimentón

Mida ¼ de taza de gravy y mézclelo con la carne, el pan molido, la cebolla, el huevo, la sal y la pimienta. Forme una barra de 20×10×2.5 cm en una charola para hornear. Hornee a 180 °C durante 1 hora. Retire del horno y, con cuidado, escurra la grasa. Unte el puré en toda la barra de carne. Vierta la mantequilla derretida encima del puré y adorne con pimentón. Regrese la carne al horno y hornee por 20 minutos más. Deje reposar durante 5 minutos. Caliente el resto del gravy y sirva con rebanadas de carne.
Rinde 6 porciones

Pastel de Carne con Papa

Cacerola Parchada

1 kg de carne molida de res
2 tazas de pimientos morrones verdes
    picados
1 taza de cebolla picada
1 kg de papas (patatas) hash brown
    descongeladas
2 latas (de 225 g cada una) de salsa de
    tomate
1 taza de agua
1 lata (180 g) de pasta de tomate
1 cucharadita de sal
½ cucharadita de albahaca seca molida
¼ de cucharadita de pimienta negra molida
450 g de queso americano finamente
    rebanado

Caliente el horno a 180 °C.

Fría la carne en una sartén grande a fuego medio hasta que se dore, por unos 10 minutos. Escurra la grasa.

Agregue los pimientos y la cebolla. Fría hasta que estén suaves, durante 4 minutos. Añada las papas, la salsa de tomate, el agua, la pasta de tomate, la sal, la albahaca y la pimienta negra.

Coloque la mitad de la mezcla en un molde de 33×23×5 cm, o en un refractario de 3 litros de capacidad. Corone con la mitad del queso. Ponga el resto de la mezcla de carne encima del queso. Cubra la charola con papel de aluminio. Hornee durante 45 minutos.

Haga figuras decorativas con el queso restante y colóquelas encima de la cacerola. Deje reposar, cubierto, hasta que el queso se derrita, por unos 5 minutos.   *Rinde de 8 a 10 porciones*

Cacerola de Hamburguesa Favorita de la Familia

1 cucharada de aceite vegetal
1 taza de cebolla picada
450 g de carne molida de res
1 paquete (250 g) de ejotes (judías verdes)
    congelados
3 tazas de papas (patatas) hash brown
    congeladas
1 lata (300 g) de sopa de tomate
½ taza de agua
1 cucharadita de albahaca seca
¾ de cucharadita de sal
¼ de cucharadita de pimienta negra
¼ de taza de pan molido

1. Caliente el horno a 180 °C. Engrase ligeramente un molde de 28×19×5 cm.

2. Caliente el aceite en una sartén grande a fuego medio-alto. Agregue la cebolla; fría hasta que tenga una consistencia suave. Añada la carne. Fría hasta que se dore, moviendo ocasionalmente. Ponga los ejotes. Fría durante 5 minutos o hasta que se descongelen. Incorpore las papas.

3. Mezcle la sopa de tomate y el agua en un recipiente pequeño. Revuelva muy bien. Vacíe en la sartén. Agregue la albahaca, la sal y la pimienta. Coloque en el refractario. Espolvoree el pan molido.

4. Hornee a 180 °C por 30 minutos o hasta que las papas estén suaves. Deje reposar durante 5 minutos antes de servir.   *Rinde 4 porciones*

Cacerola Parchada

Estofado Irlandés en Pan

675 g de paleta de cordero, sin hueso, en
  cubos de 2.5 cm
¼ de taza de harina de trigo
2 cucharadas de aceite vegetal
2 dientes de ajo machacados
2 tazas de agua
¼ de taza de vino de Borgoña
5 zanahorias medianas picadas
3 papas (patatas) medianas, peladas y
  rebanadas
2 cebollas grandes, peladas y picadas
2 tallos de apio rebanados
¾ de cucharadita de pimienta negra
1 cubo de consomé de res desmoronado
1 taza de chícharos (guisantes) congelados
115 g de champiñones frescos rebanados
  Pan redondo, sin rebanar*

*El estofado se puede servir de manera individual o en un
pan grande. Rebane el pan horizontalmente cerca de la
parte superior. Quite el migajón, dejando una corteza de
2.5 cm. Llene el "tazón" con el estofado caliente. Cubra
con la "tapa" y sirva de inmediato.

Cubra el cordero con harina, mientras calienta el
aceite a fuego medio en una olla grande y pesada.
Agregue el cordero y el ajo. Fría hasta que dore.
Añada el agua, el vino, las zanahorias, las
cebollas, el apio, la pimienta y el consomé. Tape
y deje hervir de 30 a 35 minutos.

Ponga los chícharos y los champiñones. Tape y
deje hervir durante 10 minutos. Si es necesario,
sazone. Sirva en el pan.

Rinde de 6 a 8 porciones

Cordero en Salsa de Eneldo

2 papas (patatas) grandes hervidas, peladas
  y en cubos de 2.5 cm
½ taza de cebolla picada
1½ cucharaditas de sal
½ cucharadita de pimienta negra
½ cucharadita de eneldo seco o 4 ramitas de
  eneldo fresco
1 hoja de laurel
1 kg de carne de cordero para estofado, en
  trozos de 2.5 cm
1 taza más 3 cucharadas de agua
2 cucharadas de harina de trigo
1 cucharadita de azúcar
2 cucharadas de jugo de limón
  Eneldo fresco (opcional)

Instrucciones para Cocción Lenta: Coloque en
capas los ingredientes en la olla de cocción lenta
en el orden siguiente: papas, cebolla, sal,
pimienta, eneldo, hoja de laurel, cordero y 1 taza
de agua. Tape y cocine a intensidad BAJA de 6 a
8 horas.

Retire el cordero y las papas. Tape y mantenga
caliente. Deseche la hoja de laurel. Suba la
temperatura a ALTA. Mezcle la harina y el agua
restante en un recipiente pequeño, hasta obtener
una consistencia suave. Añada a esta mezcla la
mitad de los jugos de la cocción y el azúcar.
Mezcle bien y vacíe a la olla. Tape y cueza
durante 15 minutos. Ponga el jugo de limón.
Regrese el cordero y las papas a la olla. Tape y
cueza por 10 minutos más o hasta que esté bien
caliente. Adorne con eneldo fresco, si lo desea.

Rinde 6 porciones

Estofado Irlandés en Pan

Cerdo Asado Vesubio con Papas

1 centro de lomo de cerdo (675 g), sin hueso, bien cocido y en trozos de 2.5 cm
½ taza de vino blanco seco
2 cucharadas de aceite de oliva
4 dientes de ajo picados
675 g a 1 kg de papas (patatas) rojas pequeñas (de unos 4 cm de diámetro), lavadas
6 brochetas de metal (de 30 cm de largo)
6 rebanadas de limón
  Sal (opcional)
  Pimienta negra (opcional)
¼ de taza de perejil fresco picado o perejil rizado (chino)
1 cucharadita de ralladura fina de cáscara de limón

1. Coloque la carne en una bolsa de plástico. Mezcle el vino, el aceite y 3 dientes de ajo en un recipiente pequeño. Vierta sobre la carne.

2. Ponga las papas en una sola capa en un recipiente para microondas. Pinche cada papa con la punta de un cuchillo afilado. Hornee en el microondas a temperatura ALTA, de 6 a 7 minutos o hasta que estén casi suaves al tocarlas con un tenedor. (O coloque las papas en una olla grande. Cubra con agua fría. Hierva a fuego alto. Hierva durante 12 minutos o hasta que estén casi suaves.) De inmediato, enjuague con agua fría y escurra. Métalas en la bolsa de la carne. Selle la bolsa. Marine en el refrigerador durante 2 horas por lo menos o hasta por 8 horas, volteando ocasionalmente.

3. Prepare el asador para cocción directa.

4. Mientras tanto, escurra la carne y deseche la marinada. De manera alternada, coloque 3 trozos de carne y 2 papas en cada brocheta. Ponga 1 rebanada de limón al final de cada brocheta. Sazone con sal y pimienta la carne y las papas, si lo desea.

5. Acomode las brochetas en la parrilla. Áselas, con el asador cubierto, de 14 a 16 minutos o hasta que la carne esté jugosa y apenas tenga un color rosado en el centro y las papas estén suaves, voltee a la mitad del tiempo de asado.

6. Retire las brochetas del asador. Revuelva el perejil, la ralladura de limón y el ajo restante en un recipiente pequeño. Espolvoree sobre la carne y las papas. Exprima encima el limón.

Rinde 6 porciones

Cerdo Asado Vesubio con Papas

Ragout de Cerdo y Col

1 cucharada de aceite vegetal
450 g de filete de cerdo, en rebanadas
      delgadas de 1.5 cm
1 taza de cebolla picada
4 dientes de ajo picados
1½ cucharaditas de semillas de alcaravea
      molidas
8 tazas de col finamente rebanada (450 g)
      o ensalada de col mixta
1 taza de vino blanco seco
1 cucharadita de consomé de pollo en
      polvo
2 manzanas Cortland o Jonathan medianas,
      peladas y en gajos
   Hojuelas de puré de papa (patata) más
      los ingredientes necesarios para
      preparar 4 porciones

1. Caliente el aceite en una olla grande a fuego medio. Agregue la carne. Fría durante unos 2 minutos de cada lado o hasta que apenas presente un color rosado en el centro. Sazone con sal y pimienta. Retire de la olla y guarde. Añada la cebolla, el ajo y las semillas de alcaravea; fría de 3 a 5 minutos o hasta que la cebolla esté suave.

2. Ponga la col, el vino y el consomé de pollo en la olla y hierva. Reduzca el fuego a bajo. Tape y deje hervir por 5 minutos o hasta que la col esté suave. Cueza a fuego medio, sin tapar, de 5 a 8 minutos o hasta que se absorba el exceso de líquido.

3. Incorpore la manzana y el cerdo. Cueza, sin tapar, de 5 a 8 minutos o hasta que las manzanas estén suaves. Sazone al gusto con sal y pimienta. Mientras el guisado se cuece, prepare el puré de acuerdo con las instrucciones del paquete. Sirva el ragout sobre el puré.

Rinde 4 porciones (de 1 taza)

Ricas Chuletas de Cerdo

6 papas (patatas) medianas, finamente
      rebanadas (unas 5 tazas)
1⅓ tazas (30 g) de aros de cebolla fritos
1 lata (60 g) de champiñones rebanados y
      escurridos
2 cucharadas de mantequilla o margarina
¼ de taza de salsa de soya
1½ cucharaditas de mostaza molida
½ cucharadita de salsa de pimienta de
      Cayena
⅛ de cucharadita de ajo en polvo
1 cucharada de aceite vegetal
6 chuletas de cerdo, de 1.5 a 2 cm de
      grosor

Caliente el horno a 180 °C. En una charola para hornear de 30×20 cm, coloque en capas la mitad de las papas y ⅔ de taza de aros de cebolla. Agregue los champiñones y el resto de las papas. En una olla pequeña, derrita la mantequilla; incorpore la salsa de soya, la mostaza, la salsa de pimienta y el ajo en polvo. Barnice las papas con la mitad de la mezcla de salsa de soya. En una sartén grande, caliente el aceite. Dore las chuletas y escúrralas. Acomode las chuletas sobre las papas y barnícelas con el resto de la salsa de soya. Cubra y hornee a 180 °C durante 1 hora. Hornee, sin cubrir, por 15 minutos más o hasta que las papas y la carne estén listas. Ponga los ⅔ de aros de cebolla restantes. Hornee, sin cubrir, durante 5 minutos o hasta que las cebollas se doren.

Rinde de 4 a 6 porciones

Ragout de Cerdo y Col

Sartén de Papas

3 cucharadas de aceite vegetal
4 salchichas grandes de res
3 tazas de papas (patatas) rojas picadas y
 cocidas
1 taza de cebolla picada
1 taza de pimiento morrón verde, sin
 semillas y picado o una mezcla de
 pimientos morrones rojo y verde, sin
 semillas y picados
3 cucharadas de perejil fresco picado
 (opcional)
1 cucharadita de salvia seca
½ cucharadita de sal
¼ de cucharadita de pimienta negra recién
 molida

Caliente 1 cucharada de aceite en una sartén
grande a fuego medio. Haga cortes en las
salchichas y póngalas en la sartén. Cocine las
salchichas hasta que se doren. Transfiéralas a un
plato.

Añada el aceite restante a la sartén. Agregue las
papas, la cebolla y el pimiento; fría de 12 a
14 minutos o hasta que las papas se doren.
Incorpore el perejil, la salvia, la sal y la pimienta.

Regrese las salchichas a la sartén. Intégrelos a la
mezcla de papa. Cocine durante 5 minutos hasta
que estén calientes, volteándolas una vez a la
mitad del tiempo. *Rinde 4 porciones*

Pizza Clásica de Papa, Cebolla y Jamón

3 cucharadas de mantequilla o aceite de
 oliva
3 tazas de papas (patatas) nuevas, en
 rebanadas de .5 cm
2 cebollas, en rebanadas de .5 cm
1 cucharada de ajo poco picado
½ cucharadita de sal
½ cucharadita de pimienta negra
2 tazas (225 g) de queso mozzarella rallado
1 base para pizza (de 450 g)
8 rebanadas delgadas (120 g) de jamón
8 rebanadas (120 g) de queso provolone
⅓ de taza de queso parmesano rallado
¼ de taza de perejil picado

Derrita 2 cucharadas de mantequilla en una
sartén grande a fuego medio. Agregue las papas,
las cebollas, el ajo, la sal y la pimienta. Cueza de
12 a 15 minutos, volteando ocasionalmente.
Añada 1 cucharada de mantequilla y cueza de 5 a
7 minutos o hasta que las papas estén doradas.
Deje enfriar un poco.

Caliente el horno a 200 °C. Espolvoree el queso
mozzarella sobre la base para pizza y coloque
encima las rebanadas de jamón. Acomode la
mezcla de papa sobre el jamón y corone con el
queso provolone. Espolvoree el queso parmesano
y el perejil. Ponga la base directamente sobre la
parrilla. Hornee de 15 a 20 minutos o hasta que
el queso se derrita. *Rinde 4 porciones*

Sartén de Papas

Brochetas Campiranas

½ taza de mostaza Dijon

½ taza de mermelada de chabacano
   (albaricoque)

⅓ de taza de cebollín picado

450 g de salchicha de cerdo, en trozos de
   2.5 cm

1 manzana grande, descorazonada y en
   gajos

½ taza de cebollas de cambray
   descongeladas

6 papas (patatas) rojas pequeñas,
   semicocidas y cortadas por la mitad

3 tazas de col morada y verde rallada, al
   vapor

Remoje en agua 6 brochetas de madera (de
25 cm) durante 30 minutos. En un recipiente
pequeño, combine la mostaza, la mermelada y el
cebollín. Reserve ¼ de taza de la mezcla.

De manera alternada, acomode las salchichas, la
manzana, las cebollas y las papas en las
brochetas. Ase de 12 a 15 minutos o hasta que
estén listas, volteando y bañando con el resto de
la mezcla de mostaza. Caliente la mezcla de
mostaza que reservó y revuelva con la col. Sirva
caliente con las brochetas. Adorne al gusto.

Rinde 6 porciones

Salchichas con Col, Camote y Manzanas

1 botella (360 ml) de cerveza oscura

2 cucharadas de mostaza Dijon

½ cucharadita de semillas de alcaravea

6 tazas de col poco rallada

450 g de salchicha de pavo o de pavo
   ahumado, en trozos de 2.5 cm

450 g de camote (batata) cocido, en trozos de
   4 cm

1 manzana Granny Smith, en gajos de
   .5 cm

1. Mezcle la cerveza, la mostaza y la semilla de
alcaravea en una sartén grande. Hierva a fuego
alto. Agregue la col. Reduzca el fuego a medio-
bajo. Tape y deje enfriar de 5 a 8 minutos o hasta
que la col esté suave y crujiente.

2. Añada las salchichas, el camote y las
manzanas. Aumente el fuego a alto. Hierva la
mezcla. Reduzca el fuego a medio-bajo y tape.
Cueza de 3 a 5 minutos o hasta que la manzana
esté suave.

Rinde 6 porciones

Brochetas Campiranas

Col y Salchicha Estilo Alemán

        6 rebanadas de tocino (beicon)
        1 cebolla pequeña picada
        1 diente de ajo picado
        1 frasco (900 g) de chucrut (col picada en
            salmuera)
        2 papas (patatas) medianas, peladas y
            rebanadas
     1½ a 2 tazas de agua
        ½ taza de jugo de manzana o vino blanco
        2 cucharadas de azúcar morena
        1 cucharadita de consomé de pollo en
            polvo
        1 cucharadita de semillas de alcaravea
        1 hoja de laurel seca
    450 g de salchicha Bratwurst (5 salchichas)
        2 manzanas medianas, descorazonadas y
            rebanadas
        Hojas frescas de laurel (opcional)

Fría el tocino hasta que dore. Retírelo; escúrralo y desmorónelo. Escurra la grasa de la sartén, excepto 2 cucharadas. Agregue la cebolla y el ajo. Fría a fuego medio hasta obtener una consistencia suave, moviendo ocasionalmente. Añada el chucrut, las papas, 1½ tazas de agua, el jugo, el azúcar, el consomé, la semilla de alcaravea y la hoja de laurel. Vierta ½ taza de agua, en caso necesario, de modo que se cubran las papas. Hierva a fuego alto.

Mientras tanto, haga 3 o 4 cortes diagonales de .5 cm de profundidad en cada salchicha. Fría las salchichas hasta que se doren, volteando ocasionalmente. Incorpore las salchichas a la mezcla de chucrut. Reduzca el fuego a bajo y deje hervir de 20 a 30 minutos o hasta que las papas estén suaves, moviendo de vez en cuando.

Ponga las manzanas y cueza, sin tapar, de 5 a 10 minutos o hasta que las manzanas estén suaves. Agregue el tocino. Deseche la hoja de laurel. Adorne con hojas frescas de laurel, si lo desea. Sirva caliente. Refrigere el sobrante.

Rinde 5 porciones

Brochetas Kielbasa

        ½ taza de salsa para carne
        ¼ de taza de mostaza Dijon
        3 cucharadas de melaza light
        2 cucharadas de vinagre de manzana
        1 cucharada de aceite vegetal
        1 diente de ajo picado
        1 cucharadita de fécula de maíz
    450 g de salchicha grande de cerdo, en trozos
            de 2.5 cm
        6 papas (patatas) rojas pequeñas,
            semicocidas y en gajos (unos 360 g)
        1 cebolla mediana, en gajos
        1 manzana mediana, en gajos
        Col morada y verde rallada, al vapor

Remoje en agua 6 brochetas de madera (de 25 cm) durante 30 minutos. En una sartén pequeña, mezcle la salsa para carne, la mostaza, la melaza, el vinagre, el aceite, el ajo y la fécula de maíz. A fuego medio, fría hasta que la salsa espese y empiece a hervir. Deje enfriar.

De manera alternada, coloque la salchicha, las verduras y la manzana en las brochetas. Ase las brochetas a fuego medio de 12 a 15 minutos o hasta que estén listas, volteando y bañando a menudo con la salsa preparada. Sírvalas calientes con la col.

Rinde 6 porciones

Col y Salchicha Estilo Alemán

Pescado Horneado con Papas y Cebollas

450 g de papas (patatas), finamente rebanadas
1 cebolla grande, finamente rebanada
1 pimiento morrón verde o rojo pequeño, finamente rebanado
Sal
Pimienta negra
½ cucharadita de orégano seco
450 g de filetes de pescado (bacalao, merluza o hipogloso), de 2.5 cm de grosor
¼ de taza de mantequilla o margarina
¼ de taza de harina de trigo
2 tazas de leche
¾ de taza (90 g) de queso cheddar rallado

Caliente el horno a 190 °C.

Acomode la ½ de las papas en una cacerola de 3 litros de capacidad. Agregue ½ cebolla y ½ pimiento. Sazone con sal y pimienta negra. Espolvoree ¼ de cucharadita de orégano. Acomode el pescado en 1 capa sobre las verduras. Ponga las papas, la cebolla y el pimiento restantes sobre el pescado. Sazone con sal, pimienta negra y ¼ de cucharadita de orégano.

Derrita la mantequilla en una sartén a fuego medio. Añada la harina y fría hasta que burbujee, moviendo constantemente. De manera gradual, vierta la leche. Cocine hasta que espese, moviendo a menudo. Vierta la salsa blanca en la cacerola. Tape y hornee a 190 °C durante 40 minutos o hasta que las papas estén suaves. Espolvoree el queso. Hornee, sin cubrir, durante 5 minutos más o hasta que el queso se derrita.

Rinde 4 porciones

Pescado Tajín (En Aceite de Oliva con Verduras)

3 cucharadas de aceite de oliva
4 papas (patatas) pequeñas, peladas y en rebanadas de 3 mm
2 pimientos morrones rojos grandes, sin semillas y en tiras
3 tomates rojos pequeños, pelados y picados
1 chile jalapeño, sin semillas y picado o ½ cucharadita de chile en polvo
3 dientes de ajo picados
1 kg de filetes de pescado (bacalao o hipogloso) de 2.5 cm de grosor
1 cucharada de jugo de limón
½ taza de cilantro fresco picado

En una sartén grande o en una olla grande, caliente el aceite de oliva a fuego medio. Con cuidado, coloque una capa de papas en la sartén; hierva durante 5 minutos. Agregue el pimiento, los tomates, el jalapeño y el ajo; mezcle bien. Ponga el pescado y coloque encima la mezcla de verduras. Tape, reduzca el fuego a lento y cueza de 10 a 15 minutos o hasta que el pescado esté cocido. Vierta encima el jugo de limón. Corone con el cilantro.

Rinde 8 porciones

Pescado Horneado con Papas y Cebollas

Pescado y Papas

¾ de taza de harina de trigo
½ taza de cerveza clara o bebida
    carbonatada de lima-limón
    Aceite vegetal
4 papas (patatas) medianas, en 8 gajos
    Sal
1 huevo, separado
450 g de filetes de bacalao
    Vinagre de Malta (opcional)

Mezcle la harina, la cerveza y 2 cucharaditas de aceite en un recipiente pequeño. Tape y refrigere de 1 a 2 horas.

Ponga 5 cm de aceite en una sartén grande. Caliente el aceite a fuego medio hasta que, al poner un cuadrito de pan fresco en el aceite, se dore en 45 segundos (a unos 185 °C). Coloque en el aceite tantos gajos de papa como sea posible. No las amontone. Fría las papas de 4 a 6 minutos o hasta que se dore la parte exterior, voltéelas. Escurra sobre toallas de papel y añádales sal. Repita la operación con las papas restantes. (Permita que la temperatura del aceite regrese a los 185 °C cada vez que fría las tandas de papas.) Guarde el aceite para freír el pescado.

Agregue la yema de huevo a la mezcla de harina. Bata la clara con la batidora eléctrica a velocidad alta hasta que se formen picos suaves. Incorpore la clara de huevo a la mezcla de harina. Enjuague el pescado y séquelo con toallas de papel. Corte el pescado en 8 trozos. Sumerja 4 trozos en la masa. Fría de 4 a 6 minutos o hasta que la masa se dore y el pescado se desmenuce al tocarlo con un tenedor; voltéelo una vez. Escurra sobre toallas de papel. Repita la operación con los trozos restantes de pescado. (Permita que la temperatura del aceite regrese a los 185 °C entre las tandas.) Sirva de inmediato con los gajos de papa. Rocíe el pescado con vinagre de Malta, si lo desea. Adorne al gusto   *Rinde 4 porciones*

Tortitas de Cangrejo

450 g de carne de cangrejo
340 g de puré de papa (patata) (o 1 taza de
    puré de papa instantáneo)
1 taza de pan molido
½ taza de nuez picada
⅓ de taza de cebolla morada o cebollín
    picado
2 claras de huevo
1 yema de huevo
    Pizca de sal

Mezcle la carne de cangrejo, las papas, ½ taza de pan molido, ¼ de taza de nuez, la cebolla, las claras de huevo, la yema y la sal en un recipiente mediano. Forme 8 tortitas. Combine ½ taza de pan molido y ¼ de taza de nuez. Empanice las tortitas. Cueza a fuego medio en una sartén con aceite.

Sirva con rodajas de limón o con pimientos morrones verdes y amarillos picados, cebolla morada picada y tomate picado, sin semillas, todo sazonado con sal y pimienta al gusto. O sustituya por salsa preparada.   *Rinde 4 porciones*

Pescado Horneado Gallego

½ taza más 4 cucharaditas de aceite de oliva
1 cebolla grande picada
2 cucharadas de perejil fresco picado
2 dientes de ajo machacados
2 cucharaditas de pimentón
675 g de papas (patatas) nuevas, peladas y en rebanadas de 3 mm
1 cucharada de harina de trigo
3 hojas de laurel pequeñas
½ cucharadita de tomillo seco
Pizca de clavo molido
4 filetes de roughy anaranjado o bacalao, de 2.5 cm de grosor (más o menos 1 kg)
Sal y pimienta negra recién molida
Rodajas de limón (opcional)

Caliente el horno a 180 °C. En una sartén grande, caliente ½ taza de aceite de oliva a fuego medio. Agregue la cebolla. Fría de 5 a 7 minutos o hasta que se suavice. Ponga 1 cucharada de perejil, el ajo y el pimentón. Añada las papas y mezcle bien. Espolvoree con harina. Vierta suficiente agua de modo que cubra las papas. Revuelva con cuidado. Incorpore la hoja de laurel, el tomillo y el clavo. Ponga a hervir. Tape y reduzca el fuego a bajo. Hierva de 20 a 25 minutos o hasta que las papas estén suaves. (*No las cueza de más.*)

Coloque la mezcla de papa en 1 cacerola grande o en 2 pequeñas. Acomode los filetes encima de la mezcla de papa. Rocíe el aceite restante sobre el pescado. Ponga salsa de la cacerola sobre cada filete.

Hornee de 15 a 20 minutos o hasta que el pescado esté listo. Espolvoree los filetes con 1 cucharada de perejil. Sazone con sal y pimienta al gusto. Retire la hoja de laurel antes de servir. Sirva con rodajas de limón, si lo desea.   *Rinde 4 porciones*

Sartén del Pescador de Nueva Inglaterra

4 papas (patatas) rojas pequeñas, en cuadritos
1 cebolla mediana picada
1 cucharada de aceite de oliva
2 tallos de apio picados
2 dientes de ajo picados
½ cucharadita de tomillo seco machacado
1 lata (450 g) de tomates rojos cocidos
450 g de pescado blanco (hipogloso, cubera o bacalao)

1. Dore las papas y la cebolla en aceite a fuego medio-alto en una sartén grande, moviendo ocasionalmente. Sazone con hierbas mixtas, si lo desea.

2. Agregue el apio, el ajo y el tomillo. Cueza durante 4 minutos. Añada los tomates, y hierva. Cueza por 4 minutos o hasta que espese.

3. Incorpore el pescado; tape y cocine a fuego medio de 5 a 8 minutos o hasta que el pescado esté listo. Adorne con rodajas de limón y perejil picado, si lo desea.   *Rinde 4 porciones*

Tiempo de Preparación: 10 minutos

Tiempo de Cocción: 25 minutos

Atún Asado Niçoise

4 filetes de atún de 2.5 cm de grosor (unos 675 g)
2 cucharadas de salsa inglesa
2 cucharadas de aceite de oliva

ADEREZO NIÇOISE

½ taza de vinagreta de aceite de oliva
¼ de taza de mostaza Dijon
¼ de taza de crema agria
1 cucharada de alcaparras escurridas
2 dientes de ajo picados

ENSALADA

6 tazas de hojas de lechuga trozadas y lavadas
8 papas (patatas) rojas pequeñas (360 g), cocidas y rebanadas
2 tomates rojos maduros, en gajos
1 pepino pequeño, sin semillas y rebanado
225 g de ejotes (judías verdes) cocidos
½ taza de aceitunas negras en aceite

Coloque los filetes en un platón grande. Mezcle la salsa inglesa con el aceite en una taza. Barnice ambos lados de los filetes.

Ponga los filetes en la parrilla. Ase durante 10 minutos o hasta que el pescado tenga una coloración opaca, pero todavía se sienta suave en el centro;* voltéelo una vez. Retire de la parrilla.

Para preparar el Aderezo Niçoise, combine la vinagreta, la mostaza, la crema, las alcaparras y el ajo en un recipiente pequeño. Para servir, acomode la lechuga, los filetes de atún, las papas, los tomates, el pepino, los ejotes y las aceitunas en platos individuales. Sirva con el Aderezo Niçoise.   *Rinde 4 porciones*

*El atún se seca y se pone duro si se cocina de más. Vigílelo con cuidado cuando lo ase.

Variante: Para una Salsa Fuerte de Pescado, mezcle ½ taza de mayonesa con 2 cucharadas de mostaza Dijon. Agregue 1 cucharada de alcaparras picadas o pepinillos en salmuera. Sirva con su pescado asado favorito.

Sugerencia: Las papas y los ejotes se cocinan fácilmente en el microondas. Ponga las papas rebanadas y los ejotes en un refractario de 3 litros de capacidad. Vierta 1 taza de agua sobre las verduras. Cubra y hornee en el microondas a temperatura ALTA, durante 12 minutos o hasta que las verduras estén suaves, revolviendo una vez. Escurra y enfríe.

Tiempo de Preparación: 30 minutos

Tiempo de Cocción: 10 minutos

Ravioles de Camote con Salsa de Queso Asiago

340 g de camotes (batatas)
2 cucharadas de yogur natural
1 cucharadita de cebollín picado
1 cucharada más ¼ de cucharadita de salvia fresca picada
24 hojas de wonton
1 cucharada de margarina baja en grasa
1 cucharada más 2 cucharaditas de harina de trigo
½ taza de leche descremada
½ taza de consomé de pollo con poca sal
½ taza (60 g) de queso Asiago o cheddar rallado
¼ de cucharadita de nuez moscada molida
¼ de cucharadita de pimienta blanca molida
⅛ de cucharadita de canela en polvo

1. Caliente el horno a 180 °C. Hornee el camote de 40 a 45 minutos o hasta que esté suave. Deje enfriar por completo. Pele el camote y macháquelo. Agregue el yogur, el cebollín y ¼ de cucharadita de salvia.

2. Coloque las hojas de wonton en la superficie de trabajo. Ponga 1 cucharada abundante de la mezcla de camote en el centro de cada wonton. Distribuya el relleno, dejando libre un borde de 1.5 cm. Barnice las orillas ligeramente con agua. Doble los wontons diagonalmente por la mitad, presionando un poco para sellar. Acomódelos sobre una charola para hornear y cubra con plástico.

3. Ponga a hervir 1½ litros de agua en una olla grande. Reduzca el fuego a medio. Añada unos pocos ravioles a la vez. (No los amontone.) Cueza hasta que estén suaves, por unos 9 minutos. Transfiéralos a un platón.

4. Derrita la margarina en una sartén. Vacíe la harina y cueza durante 1 minuto, moviendo a menudo. De manera gradual, vierta la leche y el consomé de pollo. Cueza hasta que espese ligeramente, por unos 4 minutos. Agregue el queso, la nuez moscada, la pimienta blanca y la canela.

5. Coloque 3 cucharadas de salsa en platos individuales. Acomode 3 ravioles en cada plato. Espolvoree la salvia restante.   *Rinde 8 porciones*

Calabaza Rellena de Carne

3 calabazas Acorn (de 450 g cada una) cortadas por la mitad, sin semillas
½ taza de apio picado
¼ de taza de cebolla picada
2 cucharadas de mantequilla o margarina
1 lata (360 g) de carne horneada con especias, picada
1½ tazas de papas (patatas) hash brown descongeladas
½ taza de manzana picada
¼ de taza de jarabe sabor maple

Caliente el horno a 190 °C. Coloque las calabazas, con la parte cortada hacia arriba, en una charola para hornear de 33×23 cm. En una sartén grande, a fuego medio-alto, saltee el apio y la cebolla con mantequilla hasta que se suavicen. Agregue la carne y las papas. Cueza, moviendo ocasionalmente, hasta que las papas estén un poco doradas. Añada la manzana y el jarabe. Coloque ½ taza de la mezcla de carne en cada mitad de calabaza. Cubra y hornee de 40 a 50 minutos o hasta que la calabaza esté suave.

Rinde 6 porciones

Ravioles de Camote con Salsa de Queso Asiago

Espléndidas

ENSALADAS

Ensalada de Ejotes y Papa con Vinagreta Dijon

Vinagreta Dijon (receta más adelante)
675 g de papas (patatas) rojas pequeñas, peladas
285 g de ejotes (judías verdes) frescos
1 taza de tomates cherry en cuartos
½ taza de cebolla picada
⅛ de cucharadita de sal
⅛ de cucharadita de pimienta negra

1. Prepare la Vinagreta Dijon.

2. Coloque las papas en una olla. Cubra con agua y hierva a fuego medio-alto. Reduzca el fuego a bajo; tape y deje hervir de 10 a 15 minutos o hasta que las papas estén suaves. Escurra las papas en un colador. Enjuague bajo el chorro de agua fría y escurra. Corte las papas a lo largo por la mitad.

3. Escurra los ejotes en el colador bajo el chorro de agua fría y escurra. Corte las puntas de cada ejote y deséchelas. Corte los ejotes en trozos de 2.5 cm. Ponga los ejotes en una olla de 2 litros de capacidad y cubra con agua. Hierva a fuego medio-alto.

4. Reduzca el fuego a bajo; tape y deje hervir de 5 a 6 minutos hasta que los ejotes estén suaves. Transfiéralos a un colador; enjuague bajo el chorro de agua fría y escurra.

5. Mezcle las papas, los ejotes, los tomates y la cebolla en un recipiente grande. Agregue la Vinagreta Dijon, la sal y la pimienta; revuelva bien. Cubra con plástico y refrigere de 2 a 3 horas. *Rinde 6 porciones*

Vinagreta Dijon

3 cucharadas de mostaza Dijon con miel
Jugo de ½ limón
2 cucharadas de vinagre de vino tinto
1 diente de ajo picado
½ cucharadita de salsa inglesa
⅓ de taza de aceite de oliva extra virgen

1. En un recipiente pequeño, mezcle la mostaza, el jugo de limón, el vinagre, el ajo y la salsa. Revuelva bien. Poco a poco, incorpore el aceite. *Rinde ⅔ de taza*

Ensalada de Ejotes y Papa con Vinagreta Dijon

Ensalada Campestre de Papa con Salchicha

1.350 kg de papas (patatas) rojas, cocidas y en
    trozos de 2.5 cm
2 cucharadas de vinagre de manzana
250 g de salchicha campestre en cuartos y
    rebanada
2 cucharadas de azúcar morena
2 cucharadas de mostaza Dijon
1 cucharada de aceite de oliva
½ cucharadita de sal
½ cucharadita de pimienta negra
½ taza de cebollín rebanado
¼ de taza de perejil picado

Coloque las papas tibias en un recipiente;
mézclelas con 1 cucharada de vinagre. Fría las
salchichas a fuego medio hasta que estén casi
doradas, por unos 5 minutos. Escurra. Mezcle el
azúcar morena, la mostaza, el aceite, el vinagre
restante, la sal y la pimienta en un recipiente
pequeño. Vierta la mezcla de azúcar morena, las
salchichas, el cebollín y el perejil en las papas y
mezcle. Sirva tibio.

Rinde de 10 a 12 porciones de guarnición

Ensalada de Camote y Nuez

1 kg de camote (batata) hervido y
    escurrido
⅓ de taza de aceite vegetal
2 cucharadas de vinagre de manzana
1 cucharada de salsa de soya
1 cucharadita de jengibre fresco finamente
    rallado
1 diente de ajo pequeño machacado
1 manzana roja grande, descorazonada y
    rebanada
½ taza de cebollín rebanado
⅔ de taza de nuez tostada y picada
Pimienta negra al gusto
Lechuga acogollada (bibb)

Deje enfriar el camote completamente. Mientras
tanto, mezcle el aceite, el vinagre, la salsa de
soya, el jengibre y el ajo en un recipiente grande.
Agregue la manzana y el cebollín. Pele y corte el
camote en rebanadas de .5 cm. Agregue la nuez a
la mezcla de manzana. Sazone con pimienta.
Acomode la lechuga en un platón. Ponga la
mezcla de papa encima de la lechuga. Adorne
con rebanadas de manzana, si lo desea. Sirva a
temperatura ambiente.   *Rinde 6 porciones*

Ensalada Campestre de Papa con Salchicha

Ensalada Alemana de Papa

675 g de papas (patatas) nuevas, en cubos de
  2 cm
1⅓ tazas de agua
½ cucharadita de sal
225 g de tocino (beicon), cortado a lo largo
  en tiras delgadas
2 cucharadas de vinagre de manzana
4 cucharaditas de azúcar
1 cucharada de salsa inglesa
2 cucharadas de fécula de maíz
¼ de cucharadita de pimienta negra molida
1⅓ tazas (30 g) de aros de cebolla fritos
1 taza de pimiento morrón verde picado
1 taza de apio picado

Instrucciones para Microondas: Coloque las papas, 1 taza de agua y la sal en un refractario de 3 litros de capacidad. Cubra y hornee a temperatura ALTA durante 15 minutos o hasta que las papas estén suaves. Escurra en el colador.

Ponga el tocino en el mismo refractario. Hornee, sin cubrir, a temperatura ALTA, durante 5 minutos o hasta que el tocino esté dorado, moviéndolo una vez. Retire el tocino. Escurra la grasa del tocino, excepto ¼ de taza. Agregue ⅓ de taza de agua, el vinagre, el azúcar, la salsa inglesa, la fécula de maíz y la pimienta negra. Hornee en el microondas, sin cubrir, a temperatura ALTA, de 1 a 2 minutos o hasta que el aderezo se espese, revolviendo una vez.

Regrese las papas al refractario. Agregue ⅔ de taza de aros de cebolla, el pimiento, el apio y el tocino. Revuelva bien. Hornee a temperatura ALTA durante 2 minutos, sin cubrir. Agregue los aros de cebolla restantes. Hornee a temperatura ALTA por 1 minuto o hasta que los aros estén dorados.   *Rinde 6 porciones de guarnición*

Tiempo de Preparación: 20 minutos

Tiempo de Cocción: 25 minutos

Ensalada de Papa Dijonesa

1 taza de mayonesa light o aderezo de
  mayonesa bajo en grasa
2 cucharadas de mostaza cremosa Dijonesa
2 cucharadas de eneldo fresco picado *o*
  1½ cucharaditas de eneldo seco
½ cucharadita de sal
¼ de cucharadita de pimienta negra recién
  molida
675 g de papas (patatas) rojas pequeñas,
  cocidas y en cuartos
1 taza de rábanos rebanados
½ taza de cebollín picado

1. En un recipiente grande, mezcle la mayonesa, la mostaza, el eneldo, la sal y la pimienta.

2. Agregue las papas, el rábano y la cebolla.

3. Cubra y deje enfriar.   *Rinde unas 8 porciones*

Ensalada Alemana de Papa

Ensalada Deli de Papa con Chícharos

675 g de papas (patatas) nuevas, lavadas y en cuartos
1 taza de agua
¾ de cucharadita de sal
225 g de vainas de chícharo (guisantes) o tirabeques
⅓ de taza de mayonesa baja en grasa
⅓ de taza de yogur natural
⅓ de taza de cebolla morada finamente picada
3 cucharadas de mostaza Dijon
2 cucharadas de eneldo fresco picado o 2 cucharaditas de eneldo seco
1 diente de ajo picado

Instrucciones para Microondas: Coloque las papas, el agua y ½ cucharadita de sal en un refractario de 3 litros de capacidad. Cubra y hornee a temperatura ALTA durante 15 minutos o hasta que las papas estén suaves. Agregue las vainas. Cubra y hornee a temperatura ALTA por 3 minutos o hasta que las vainas estén suaves y crujientes. Enjuague con agua fría, escurra y deje enfriar completamente.

Mezcle la mayonesa, el yogur, la cebolla, la mostaza, el eneldo, el ajo y la sal restante en un recipiente grande. Añada las papas y las vainas; revuelva bien. Tape y refrigere durante 1 hora antes de servir. Adorne al gusto.

Rinde 6 porciones de guarnición

Tiempo de Preparación: 15 minutos

Tiempo de Cocción: 18 minutos

Tiempo de Refrigeración: 1 hora

Ensalada de Papa Ahumada

1 kg de papas (patatas) nuevas, peladas y en cuartos
¾ de cucharadita de sal
2 cucharadas de aceite vegetal
4 cebollines grandes, en piezas de 1.5 cm
2 dientes de ajo picados
1 cucharadita de harina de trigo
¼ de cucharadita de azúcar
3 cucharadas de salsa de pimienta de Cayena
¼ de cucharadita de líquido para ahumar

1. Coloque las papas, 1 taza de agua y la sal en un refractario de 3 litros de capacidad. Tape y hornee a temperatura ALTA durante 15 minutos o hasta que las papas estén suaves, volteándolas una vez. Enjuague con agua fría y escurra.

2. Caliente el aceite en una sartén antiadherente de 25 cm a fuego medio. Agregue el cebollín y el ajo. Fría por 2 minutos o hasta que se suavicen. Incorpore la harina y el azúcar; revuelva por 1 minuto. Mezcle ½ taza de agua, la salsa y el líquido para ahumar en un recipiente pequeño. Poco a poco, añada la mezcla de cebollín. Ponga a hervir. Reduzca el fuego; cueza, revolviendo a menudo, de 1 a 2 minutos o hasta que la mezcla espese ligeramente.

3. Con cuidado, ponga las papas en la sartén, revolviendo hasta cubrir con el aderezo y se caliente bien. Sírvala tibia. *Rinde 6 porciones*

Nota: Este método en microondas asegura que las papas se cuezan de manera uniforme y que no se desbaraten. Sin embargo, pueden hervirse en una olla en la estufa convencional.

Ensalada Deli de Papa con Chícharos

Ensalada de Camote

1 kg de camote (batata), pelado y en cubos
2 cucharadas de jugo de limón
1 taza de mayonesa light o aderezo de mayonesa bajo en grasa
1 cucharadita de ralladura de cáscara de naranja
2 cucharadas de jugo de naranja
1 cucharada de miel
1 cucharadita de jengibre fresco picado
¼ de cucharadita de sal
⅛ de cucharadita de nuez moscada
1 taza de nuez poco picada
1 taza de apio rebanado
⅓ de taza de dátiles picados y deshuesados
Hojas de lechuga
315 g de gajos de mandarina

1. En una sartén mediana, cueza los camotes de 8 a 10 minutos en agua con sal hasta que estén suaves. (No cocine de más.) Escurra. Mezcle con el jugo de limón.

2. En un recipiente grande, combine la mayonesa, la ralladura de naranja, el jugo de naranja, la miel, el jengibre, la sal y la nuez moscada. Agregue los camotes tibios, la nuez, el apio y los dátiles. Tape y enfríe.

3. Para servir, coloque la ensalada en un plato con una cama de lechuga. Acomode los gajos de mandarina alrededor de la ensalada. Adorne al gusto.   *Rinde 6 porciones*

Ensalada de Papa con Manzana

Salsa al Pesto (receta más adelante)
¾ de taza de papas (patatas) cocidas y en cubos
¼ de taza de rábanos rebanados
¼ de taza de aceitunas rebanadas
1 cebollín rebanado diagonalmente
1 cucharada de aceite de oliva
1 cucharada de vinagre de vino blanco
½ cucharadita de azúcar
½ cucharadita de ralladura de cáscara de limón
¼ de cucharadita de sal
¼ de cucharadita de pimienta negra molida
2 manzanas Washington Golden Delicious, descorazonadas y en rebanadas delgadas

Prepare la Salsa al Pesto. Pele las papas, si lo desea. En un recipiente grande, mezcle las papas, el rábano, las aceitunas y el cebollín. En un recipiente pequeño, combine 2 cucharadas de Salsa al Pesto, el aceite de oliva, el vinagre, el azúcar, la ralladura, la sal y la pimienta. Vierta sobre la mezcla de papa y revuelva con cuidado. Marine de 1 a 2 horas. Acomode la ensalada en un plato con rebanadas de manzana.

Rinde 4 porciones

Salsa al Pesto: En la licuadora o en el procesador de alimentos, mezcle ½ taza de albahaca fresca, ¼ de taza de queso parmesano rallado, 2 cucharadas de piñones, 1 cucharada de aceite de oliva, 1 diente de ajo y 1 cucharadita de jugo de limón. Licue hasta suavizar.

Ensalada de Camote

Ensalada de Tomate y Papa

3 tomates rojos medianos (unos 450 g)
450 g de papas (patatas) rojas pequeñas,
　　peladas y en cuartos
3 rebanadas de tocino (beicon) en trozos de
　　1 cm
¼ de taza de cebolla picada
1½ cucharaditas de azúcar
½ cucharadita de harina de trigo
1 cucharadita de sal
⅛ de cucharadita de pimienta negra molida
1 cucharada de vinagre de manzana
¼ de taza de agua
1 taza de vainas de chícharo (guisantes)
　　frescas o congeladas

Use tomates a temperatura ambiente hasta que
estén totalmente maduros. Quíteles el corazón y
córtelos en pedazos grandes (unas 3 tazas). En
una sartén grande, hierva las papas en suficiente
agua que las cubra, hasta que estén cocidas, de
10 a 15 minutos. Escúrralas. Mientras tanto, en
una sartén grande, fría el tocino, moviendo de
vez en cuando, hasta que esté dorado, de 3 a
5 minutos. Transfiera el tocino a una toalla de
papel para que escurra. Retire la grasa, excepto
1 cucharada. Agregue la cebolla a la sartén y fría
hasta que tenga una consistencia suave, de 5 a
7 minutos. Añada el azúcar, la harina, la sal y la
pimienta, moviendo hasta obtener una
consistencia suave. Incorpore el vinagre, el agua,
el azúcar y las vainas. Cueza hasta que la mezcla
hierva y se espese un poco, de 1 a 2 minutos.
Ponga las papas y el tocino. Agregue los tomates
y mezcle bien. Coloque la mezcla de papa en un
platón.　　　　　　　*Rinde 6 porciones (5 tazas)*

Ensalada Olé de Papa con Pollo

2 tomates rojos grandes maduros, sin
　　semillas y picados
¾ de taza de cebollín picado
¼ de taza de cilantro fresco picado
1 a 2 cucharadas de chiles jalapeños, sin
　　semillas y picados
1½ cucharaditas de sal
1 taza de mayonesa light o aderezo de
　　mayonesa bajo en grasa
3 cucharadas de jugo de limón
1 cucharadita de chile en polvo
1 cucharadita de comino molido
1 kg de papas (patatas) rojas pequeñas,
　　cocidas y en rebanadas de .5 cm
2 tazas de pollo cocido desmenuzado
1 pimiento morrón amarillo o rojo, picado
　　Hojas de lechuga
　　Totopos, rodajas de limón, chiles enteros
　　y ramitas de cilantro para adornar
　　(opcional)

1. En un recipiente mediano, mezcle los tomates,
el cebollín, el cilantro picado, el chile jalapeño y
1 cucharadita de sal.

2. En un recipiente grande, combine la
mayonesa, el jugo de limón, el chile en polvo, el
comino y ½ cucharadita de sal. Agregue las
papas, el pollo, los pimientos y la mitad de la
mezcla de tomate. Revuelva, tape y deje enfriar.

3. Para servir, coloque la ensalada en un plato
cubierto con lechuga. Ponga el resto de la mezcla
de tomate encima de la ensalada. Si lo desea,
adorne con totopos, rodajas de limón, chiles
enteros y ramitas de cilantro.　　*Rinde 6 porciones*

Ensalada de Papa Azul Verdadero

1¼ tazas de crema agria
2 cucharadas de perejil picado
2 cucharadas de vinagre de vino blanco con estragón
½ cucharadita de semillas de apio
½ cucharadita de sal
⅛ de cucharadita de pimienta negra
¾ de taza (90 g) de queso Blue
4 tazas de papa (patata) cocida y en cubos
½ taza de apio picado
½ taza de cebollín rebanado
½ taza de castañas de agua rebanadas

Mezcle la crema, el perejil, el vinagre, las semillas de apio, la sal y la pimienta. Revuelva bien. Agregue el queso Blue. Vierta sobre las papas cocidas, el apio, la cebolla y las nueces. Revuelva un poco.   *Rinde 6 porciones*

Ensalada de Ejotes y Papa

675 g de ejotes (judías verdes), sin extremos y partidos por la mitad
6 papas (patatas) rojas pequeñas, en cubos
1 cebolla morada, finamente rebanada a lo largo
¼ de taza de aceite de canola
¼ de taza de vinagre de vino tinto
¼ de taza de vinagre de arroz sazonado
1 cucharada de sal de ajo
1½ cucharaditas de pimienta sazonada
1 cucharadita de azúcar

En una olla grande con agua hirviente, cueza los ejotes durante unos 7 minutos o hasta que estén suaves y crujientes. Escúrralos y sumérjalos en agua helada durante 5 minutos para detener la cocción. Deje que se enfríen y escúrralos. En una olla grande con agua, ponga a cocer las papas hasta que se suavicen. Enfríelas. Coloque los ejotes en un platón grande. Añada las papas y la cebolla. En un recipiente pequeño, bata el aceite, los vinagres, la sal de ajo, la pimienta y el azúcar. Vierta el aderezo sobre las verduras. Mezcle con cuidado. Tape y refrigere durante 2 horas, revolviendo algunas veces durante la refrigeración. Retire la ensalada del refrigerador media hora antes de servir. Revuelva antes de servir.   *Rinde 6 porciones*

Ensalada de Papa Ranch

6 papas (patatas) medianas (unos 1.500 kg), cocidas, peladas y rebanadas
½ taza de apio picado
¼ de taza de cebollín rebanado
2 cucharadas de perejil picado
1 cucharadita de sal
⅛ de cucharadita de pimienta negra
1 cucharada de mostaza Dijon
1 taza de aderezo para ensalada Ranch
2 huevos cocidos, finamente picados
Pimentón

En un recipiente grande, mezcle las papas, el apio, el cebollín, el perejil, la sal y la pimienta. En un recipiente pequeño, combine la mostaza y el aderezo para ensalada. Vierta sobre la mezcla de papa y revuelva con cuidado. Cubra y refrigere durante varias horas. Agregue el huevo y el pimentón.   *Rinde 8 porciones*

Ensalada Colorado de Papa y Prosciutto

565 g de papas (patatas) rojas redondas sin pelar (unas 4 papas)
225 g de ejotes (judías verdes) sin extremos y en rebanadas de 4 cm
1½ tazas de granos de elote (maíz) cocidos o descongelados
1 pimiento morrón rojo o verde, sin semillas y en tiras
180 g de queso mozzarella, en trozos de .5 cm
90 g de jamón o prosciutto, finamente rebanado y en tiras
3 cebollines rebanados
⅓ de taza de aceite de oliva
¼ de taza de jugo de limón
2 cucharadas de agua
1 o 2 dientes de ajo picados
1 cucharada de tomillo fresco picado *o* 1½ cucharaditas de tomillo seco
Sal y pimienta negra

Cueza las papas. Deje enfriar. Córtelas en rebanadas de 1.5 cm de grosor y luego en cuartos. Cueza los ejotes y deje enfriar. En un platón grande, mezcle las papas, los ejotes, el elote, el pimiento, el queso, el jamón y el cebollín. En un recipiente pequeño, revuelva el aceite, el jugo de limón, el agua, el ajo y el tomillo. Sazone con sal y pimienta al gusto. Vierta el aderezo sobre las papas y mezcle con cuidado. Sirva de inmediato o refrigere.

Rinde unas 8 tazas (de 6 a 8 porciones)

Ensalada Oriental de Papa

1½ tazas de mayonesa light o aderezo de mayonesa bajo en grasa
3 cucharadas de vinagre
2 cucharadas de aceite de ajonjolí*
2 cucharadas de salsa de soya
2 cucharaditas de azúcar
1 cucharadita de jengibre fresco rallado
½ cucharadita de sal
⅛ de cucharadita de salsa picante
7 a 8 papas (patatas) medianas, peladas, cocidas y rebanadas
1½ tazas de apio rebanado diagonalmente
1 lata (225 g) de castañas de agua, rebanadas y escurridas
6 cebollines finamente rebanados
Hojas de lechuga
2 cucharadas de semillas de ajonjolí tostadas

*El aceite de ajonjolí se encuentra en la sección de productos orientales de importación de los supermercados o en tiendas especializadas.

1. En un recipiente grande, mezcle la mayonesa, el vinagre, el aceite de ajonjolí, la salsa de soya, el azúcar, el jengibre, la sal y la salsa picante.

2. Agregue las papas, el apio, las castañas y el cebollín. Revuelva bien. Cubra y deje enfriar.

3. Para servir, coloque la ensalada en un platón cubierto con hojas de lechuga. Espolvoree con semillas de ajonjolí.

Rinde 8 porciones

Ensalada Colorado de Papa y Prosciutto

Ensalada Clásica de Papa

1 taza de mayonesa light
2 cucharadas de vinagre
1½ cucharaditas de sal
1 cucharadita de azúcar
¼ de cucharadita de pimienta recién molida
5 a 6 papas (patatas) medianas, cocidas, peladas y en cubos
1 taza de apio rebanado
½ taza de cebolla picada
2 huevos cocidos picados

En un recipiente grande, mezcle la mayonesa, el vinagre, la sal, el azúcar y la pimienta. Agregue las papas, el apio, la cebolla y los huevos. Revuelva bien. Cubra y deje enfriar para que se combinen los sabores. *Rinde unas 8 porciones*

Ensalada de Cordero con Papa

1 taza de cordero cocido y en tiras de un bocado
675 g de papas (patatas) pequeñas redondas
¾ de taza de chícharos (guisantes) cocidos o descongelados
¾ de taza de zanahorias finamente rebanadas
⅓ de taza de cebolla morada finamente picada
⅓ de taza de yogur natural bajo en grasa
¼ de taza de mayonesa baja en calorías
2 cucharadas de chutney preparado
2 cucharadas de curry en polvo
2 a 3 cucharadas de jugo de limón
Sal y pimienta negra

Cueza las papas en agua hirviente. Escurra, enfríe y corte en cuartos. Mezcle las papas, la carne, los chícharos, la zanahoria y la cebolla en un recipiente mediano. Combine el yogur, la mayonesa, el chutney, el curry y el jugo de limón en un recipiente pequeño. Agregue la mezcla de yogur a la de papa. Sazone con sal y pimienta al gusto. *Rinde 6 porciones*

Ensalada de Pavo Ahumado con Verdura

225 g de pechuga de pavo ahumada, en cubos de 1.5 cm
1 taza de papa (patata) roja en cuadritos, al vapor
1 taza de floretes de brócoli frescos
½ taza de calabaza amarilla rebanada
½ taza de zanahoria poco rallada
¼ de taza de pimiento morrón rojo finamente rebanado
¼ de taza de cebollín rebanado
⅓ de taza de mayonesa baja en calorías
1 cucharadita de mostaza Dijon
1 cucharadita de jugo de limón
½ cucharadita de eneldo
¼ de cucharadita de perejil seco
⅛ de cucharadita de ajo en polvo

Mezcle el pavo, la papa, el brócoli, la calabaza, la zanahoria, la pimienta y el cebollín. Combine la mayonesa y los demás ingredientes en otro recipiente. Agregue la mezcla de mayonesa a la de pavo. Revuelva. Tape y deje enfriar durante 1 hora por lo menos. *Rinde 2 porciones*

Ensalada de Cordero con Papa

Ensalada de la Granja

ADEREZO

½ taza de peperoncini (pimiento dulce)
⅓ de taza de vinagre de arroz sazonado
3 cucharadas de mostaza Dijon
2 cucharadas de eneldo fresco picado
1½ cucharaditas de azúcar
1½ cucharaditas de sal de ajo
1½ cucharaditas de jugo de limón fresco
1½ cucharaditas de ralladura de cáscara de limón
½ cucharadita de pimienta negra poco molida
⅔ de taza de aceite vegetal

ENSALADA

450 g de papas (patatas) rojas baby, sin pelar
450 g de espárragos baby
450 g de ensalada verde mixta o de hojas de espinaca, lavadas y escurridas
150 g de tomates cherry, partidos por la mitad
1 pimiento morrón anaranjado grande, en rebanadas delgadas
4 huevos cocidos, en cuartos

ADEREZO

En la licuadora o en el procesador de alimentos, ponga todos los ingredientes del aderezo, excepto el aceite. Pulse el botón y, lentamente, vierta el aceite hasta que adquiera una consistencia parcialmente suave. Refrigere.

ENSALADA

En una olla con agua, cueza las papas. Escúrralas y sumérjalas en agua helada durante 5 minutos para detener la cocción. Deje enfriar completamente y escurra. En una olla para hervir, cueza los espárragos. Repita el proceso de enfriamiento.

En un recipiente grande, mezcle la ensalada verde con ⅓ de aderezo. Reparta la ensalada verde en 4 platos. Acomode las papas, los espárragos, los tomates, el pimiento y el huevo en secciones sobre la ensalada verde. Rocíe la mitad del aderezo restante sobre las verduras y el huevo. Sirva la ensalada con el resto del aderezo, si lo desea. *Rinde 4 porciones*

Ensalada de Papa Campestre

1 kg de papas (patatas) rojas cocidas, peladas y en cuadritos
3 cebollines, en trozos de 1.5 cm
10 tomates cherry partidos por la mitad
2 huevos cocidos picados
⅓ de taza de mayonesa
⅓ de taza de mostaza Dijon
2 cucharadas de vinagre de vino tinto
½ cucharadita de ajo en polvo
⅛ de cucharadita de pimienta negra molida

En un recipiente grande, mezcle las papas, los cebollines, los tomates y los huevos.

En un recipiente pequeño, revuelva el resto de los ingredientes y agregue a la mezcla de papa. Cubra y deje enfriar durante 2 horas por lo menos para que se combinen los sabores.
Rinde 6 porciones (de 1¼ tazas)

Ensalada de la Granja

Ensalada de Pollo Niçoise

Aceite en aerosol
450 g de filetes de pollo
½ taza de cebolla morada en gajos (más o menos 1 pequeña)
Hojas de espinaca fresca (opcional)
2 tazas de ejotes (judías verdes) enteros, cocidos y fríos
2 tazas de papas (patatas) rojas, cocidas y frías
2 tazas de tomates cherry partidos por la mitad
1 lata (440 g) de frijoles bayos, escurridos
Aderezo de Hierbas y Mostaza (receta más adelante)

1. Rocíe una sartén antiadherente mediana con aceite en aerosol; caliente a fuego medio. Agregue el pollo y fría de 7 a 10 minutos o hasta que el pollo se dore y pierda su color rosado. Deje enfriar y refrigere.

2. Rocíe una sartén pequeña antiadherente con aceite en aerosol; caliente a fuego medio. Añada la cebolla y fría a fuego bajo durante 15 minutos o hasta que la cebolla se caramelice. Deje enfriar a temperatura ambiente.

3. Coloque la espinaca en los platos, si lo desea. Ponga encima el pollo, la cebolla, los ejotes, las papas, los tomates y los frijoles. Bañe con el Aderezo de Hierbas y Mostaza. Sirva de inmediato.   *Rinde 6 porciones*

Aderezo de Hierbas y Mostaza

¼ de taza de agua
3 cucharadas de vinagre balsámico
1½ cucharadas de mostaza Dijon
1 cucharada de aceite de oliva
1 cucharadita de albahaca seca
1 cucharadita de tomillo seco
1 cucharadita de romero seco
1 diente de ajo pequeño picado

1. En un frasco pequeño con tapa hermética, mezcle todos los ingredientes y agite. Refrigere. Agite antes de usarlo.   *Rinde unos ⅔ de taza*

Ensalada Mediterránea

1 cabeza de lechuga Boston, lavada, escurrida y separada
10 papas (patatas) nuevas, cortadas en cuartos y asadas
3 tazas de ejotes (judías verdes) tiernos blanqueados
4 tomates rojos medianos, en octavos
1 pimiento morrón rojo, pelado, sin semillas y en tiras julianas
1 pimiento morrón amarillo, pelado, sin semillas y en tiras julianas
1 taza de aderezo de vinagreta
3 cucharadas de albahaca fresca picada
2 paquetes (de 100 g cada uno) de queso Montrachet, cortados en 4 rebanadas

Reparta la lechuga en 6 platos. Divida el resto de las verduras entre los platos. Bañe con el aderezo. Adorne con albahaca y rebanadas de Montrachet.   *Rinde 6 porciones*

Ensalada de Pollo Niçoise

Irresistibles

GUARNICIONES

Papas al Gratín

675 g de papas (patatas) rojas pequeñas
6 cucharadas de margarina o mantequilla
3 cucharadas de harina de trigo
½ cucharadita de sal
¼ de cucharadita de pimienta blanca
1½ tazas de leche
1 taza (120 g) de queso cheddar rallado
4 cebollines finamente rebanados
¾ de taza de galleta molida

Caliente el horno a 180 °C. Rocíe una cacerola redonda de 1 litro con aceite en aerosol.

Coloque las papas en una cacerola de 2 litros de capacidad. Agregue suficiente agua para cubrir las papas. Ponga a hervir a fuego alto. Hierva, sin tapar, durante 10 minutos o hasta que estén parcialmente cocidas. Las papas deben estar firmes en el centro. Enjuague con agua fría y escurra hasta que las papas se enfríen. Escúrralas.

Mientras tanto, derrita 4 cucharadas de margarina en una olla mediana a fuego medio. Añada la harina, la sal y la pimienta; revuelva hasta obtener una consistencia suave. Poco a poco, vierta la leche, moviendo constantemente hasta que la salsa se espese. Incorpore el queso y mezcle bien.

Corte horizontalmente las papas en rebanadas de .5 cm. Acomode en capas ⅓ de las papas en el recipiente que preparó. Ponga encima ⅓ de las cebollas y ⅓ de la salsa de queso. Repita las capas dos veces; termine con el queso.

Derrita la margarina restante en un recipiente pequeño junto con la galleta. Vacíe de manera uniforme encima del queso.

Hornee, sin cubrir, de 35 a 40 minutos o hasta que esté caliente y burbujee, y las papas estén suaves. *Rinde de 4 a 6 porciones*

Papas al Gratín

Papas Horneadas

2 cucharadas de margarina
3 cucharadas de harina de trigo
2½ tazas de leche descremada
3 cucharadas de queso parmesano rallado
Pimienta negra
1 kg de papas (patatas) Idaho, peladas y finamente rebanadas
Nuez moscada molida
Sal
½ taza (60 g) de queso suizo bajo en grasa, rallado
3 cucharadas de cebollín finamente rebanado

1. Caliente el horno a 180 °C. Rocíe un recipiente de cristal de 2 litros de capacidad con aceite en aerosol.

2. Derrita la margarina en una sartén mediana; agregue la harina y cueza a fuego medio-alto de 1 a 2 minutos, moviendo a menudo. Con un batidor manual, bata la mezcla mientras vierte poco a poco la leche; deje hervir de 1 a 2 minutos o hasta que la mezcla se espese. Añada el queso parmesano y sazone al gusto con pimienta.

3. Coloque en capas ⅓ de las papas en el recipiente. Espolvoree las papas con la nuez moscada, la sal, ⅓ de queso suizo y 1 cucharada de cebollín. Repita las capas, para finalizar con la mezcla de margarina.

4. Hornee durante 1 hora 15 minutos o hasta que las papas estén cocidas. Deje enfriar un poco antes de servir. Adorne con cebollín fresco, si lo desea. *Rinde 8 porciones*

Papas Jarlsberg

8 papas (patatas) nuevas medianas, peladas y en cuartos
2 nabos medianos, pelados y en trozos
1 cebolla mediana finamente picada
¼ de taza de margarina o mantequilla, suavizada
¼ de taza de perejil fresco picado
1¼ tazas (150 g) de queso Jarlsberg
½ cucharadita de sal
¼ de cucharadita de nuez moscada molida
⅛ de cucharadita de pimienta negra

En una sartén grande, cueza las papas en agua ligeramente salada, durante unos 10 minutos. Agregue los nabos y la cebolla. Cueza por 15 minutos más, hasta que las verduras estén cocidas. Escurra bien. Bata con batidora eléctrica hasta obtener una consistencia suave. Añada la mantequilla y el perejil. Ponga ¾ de taza de queso, la sal, la nuez moscada y la pimienta. Guarde 1 taza de la mezcla.

Distribuya el resto de la mezcla de papa en un refractario de 1½ litros. Con una duya, distribuya la mezcla de papa que guardó, alrededor del recipiente.

Hornee a 180 °C durante 40 minutos. Espolvoree ½ taza de queso en el centro del recipiente. Hornee por 5 minutos más. *Rinde 8 porciones*

Papas Horneadas

Papas Sorpresa

1.125 kg de papas (patatas)
3 cucharadas de margarina o mantequilla, derretida
¼ de taza de queso parmesano rallado
1 huevo
1 clara de huevo
⅛ de cucharadita de sal
⅛ de cucharadita de nuez moscada molida
4 cucharadas de pan molido
225 g de queso fontina, en trocitos
¼ de taza de queso provolone fresco, finamente rallado
115 g de prosciutto de Parma, en trozos pequeños
2 cucharadas de mantequilla, en trozos pequeños

En una sartén grande, cueza las papas en agua hirviente, a fuego medio-bajo. Escúrralas y deje enfriar ligeramente. Pélelas y córtelas por la mitad. Machaque las papas como puré. Mezcle las papas, la mantequilla derretida, el queso parmesano, el huevo, la clara de huevo, la sal y la nuez moscada en un recipiente grande. Mezcle hasta obtener una consistencia suave.

Espolvoree ½ del pan molido en un refractario redondo de 23 cm. Ladee el refractario para cubrirlo bien. Distribuya más o menos ½ de la mezcla en el fondo y en las orillas del refractario.

Combine el queso fontina, el queso provolone y el prosciutto en un recipiente pequeño. Reparta sobre la mezcla de papa.

Cubra con el resto de la mezcla de papa y espolvoree el pan molido restante. Coloque los trozos de mantequilla encima.

Hornee a 180 °C durante 40 minutos o hasta que se forme una corteza delgada. Deje reposar por 5 minutos. Invierta el refractario en un platón, golpeando suavemente para que se desprenda. Sirva de inmediato.   *Rinde de 4 a 6 porciones*

Papa Gorgonzola al Gratín

450 g de papas (patatas) (2 medianas a grandes), sin pelar y en rebanadas muy delgadas
Sal
Pimienta negra
Nuez moscada molida
½ cebolla mediana finamente rebanada
1 manzana Granny Smith, o 1 pera mediana, sin pelar, descorazonada y en rebanadas muy delgadas
1 taza de leche baja en grasa
¾ de taza (90 g) de queso Gorgonzola o cualquier queso azul, desmoronado
2 cucharadas de queso parmesano recién rallado

Caliente el horno a 200 °C. En un refractario cuadrado de 20 o 23 cm, acomode la mitad de las papas. Sazone generosamente con sal y pimienta. Espolvoree un poco de nuez moscada. Agregue la cebolla y la manzana. Acomode el resto de las papas encima. Sazone con más sal y pimienta. Vierta la leche. Cubra con papel de aluminio. Hornee de 30 a 40 minutos o hasta que las papas estén cocidas. Retire el papel y añada los quesos. Hornee, sin cubrir, de 10 a 15 minutos o hasta que la parte superior esté ligeramente dorada.

Rinde de 4 a 6 porciones

Papa Gorgonzola al Gratín

Coliflor y Papa Masala

225 g de papas (patatas) de cáscara roja
　　medianas
2 cucharadas de aceite vegetal
1 cucharadita de ajo picado
1 cucharadita de jengibre fresco finamente
　　picado
1 cucharadita de sal
1 cucharadita de semillas de comino
1 cucharadita de cilantro molido
1½ tazas de tomates rojos picados, frescos o
　　de lata
1 cabeza de coliflor (de unos 565 g),
　　cortada en pedacitos
½ cucharadita de Garam Masala* (receta
　　más adelante)
2 cuchadas de cilantro picado

*También puede conseguirse en tiendas especializadas o
hindúes.

1. Pele los tomates. Córtelos por la mitad a lo
largo con un cuchillo afilado. Corte cada mitad
en 3 gajos.

2. Caliente el aceite en una sartén grande a fuego
medio-alto. Agregue el ajo, el jengibre, la sal, el
comino y el cilantro. Fría durante unos
30 segundos o hasta que suelte el olor.

3. Añada los tomates y fría por 1 minuto. Ponga
la coliflor y las papas. Mezcle bien. Reduzca el
fuego a bajo. Tape y cueza durante unos
30 minutos o hasta que las verduras estén suaves.

4. Incorpore el Garam Masala y mezcle bien.
Vierta en un platón. Espolvoree el cilantro.
Adorne al gusto. *Rinde 6 porciones*

Garam Masala

2 cucharaditas de semillas de comino
2 cucharaditas de pimienta negra entera
1½ cucharaditas de semillas de cilantro
1 cucharadita de semillas de hinojo
¾ de cucharadita de clavos enteros
½ cucharadita de semillas de cardamomo
1 raja de canela partida

Caliente el horno a 120 °C. Mezcle las especias
en una charola para pizza. Hornee durante
30 minutos, moviendo ocasionalmente.
Transfiera las especias a un molino de café o
utilice un mortero para pulverizarlas.

Papas Rústicas al Gratín

½ taza de leche
1 lata (300 ml) de crema de queso
　　condensada, sin diluir
1 paquete (225 g) de queso crema
1 diente de ajo picado
¼ de cucharadita de nuez moscada molida
⅛ de cucharadita de pimienta negra
1 kg de papas (patatas), en rebanadas
1 cebolla pequeña finamente rebanada

Instrucciones para Olla de Cocción Lenta:
Caliente la leche hasta que se formen burbujas
alrededor de la orilla de la olla. Retire del fuego.
Agregue la crema, el queso, el ajo, la nuez
moscada y la pimienta. Revuelva. Coloque ¼ de
las papas y la cebolla en la olla de cocción lenta.
Añada ¼ de la mezcla de crema. Repita las capas
3 veces. Tape y cueza a intensidad BAJA de 6½ a
7 horas. *Rinde 6 porciones*

Coliflor y Papa Masala

Papas Nokkelost Horneadas

1 taza de poro (puerro) picado
¼ de taza (½ barrita) de mantequilla
¼ de taza de harina de trigo
1½ cucharaditas de sal
⅛ de cucharadita de pimienta negra
2 tazas de leche
8 tazas de papas (patatas) de cáscara roja sin pelar y rebanadas
2 tazas de queso Nokkelost
¾ de taza de pan molido
¼ de taza de margarina o mantequilla, derretida

En una sartén, cueza el poro en ¼ de taza de mantequilla hasta que esté suave. Agregue la harina, la sal y la pimienta. Poco a poco, vierta la leche. Cueza, moviendo constantemente, hasta que espese. En un refractario de 2 litros de capacidad, coloque la mitad de las papas en capas, la mitad de la salsa de poro y la mitad del queso. Repita las capas. Hornee, sin tapar, a 190 °C durante 45 minutos. Destape. Mezcle el pan molido y la mantequilla derretida. Ponga alrededor del refractario. Hornee por 15 minutos más.   *Rinde 8 porciones*

Pastel de Papa con Queso y Tocino

420 ml de consomé de pollo o de res
5 papas (patatas) medianas, peladas y finamente rebanadas
1 cebolla grande finamente rebanada
6 rebanadas de tocino (beicon)
3 cucharadas de harina de trigo
1 taza (120 g) de queso cheddar rallado

Hierva el consomé a fuego medio-alto. Reduzca el fuego y agregue las papas y la cebolla. Tape y deje hervir por 5 minutos. Escurra; reserve 1½ tazas de consomé. Fría el tocino hasta que dore. Retire y desmorone el tocino; escurra la grasa, excepto 3 cucharadas. Añada la harina a las 3 cucharadas de grasa. De manera gradual, vierta el consomé y cocine a fuego medio hasta que se espese. Fría el queso hasta que se derrita. En un refractario engrasado, coloque, en capas, ⅓ de la mezcla de papa con cebolla, la salsa y el tocino. Repita las capas 2 veces. Hornee a 200 °C hasta que las papas estén suaves y la salsa burbujee.   *Rinde 6 porciones*

Papas con Tomate Horneadas

420 g de tomates rojos cocidos y picados
450 g de papas (patatas) rojas, rebanadas
1 cebolla mediana picada
½ taza de crema batida
1 taza (120 g) de queso suizo rallado
3 cucharadas de queso parmesano rallado

1. Caliente el horno a 180 °C.

2. Escurra los tomates; guarde el líquido. Vierta el líquido en una taza para medir. Agregue 1 taza de agua. Incorpore el líquido que guardó, las papas y la cebolla en una sartén grande, y tape. Cueza hasta que las papas estén suaves.

3. Coloque la mezcla de papa en un refractario de 1 litro de capacidad y ponga los tomates y la crema. Espolvoree los quesos.

4. Hornee por 20 minutos o hasta que esté caliente y burbujee.   *Rinde 6 porciones*

Papas Rosy Gratinadas a la Pimienta

3 cucharadas de aceite de oliva extra virgen
1 cucharada de tomillo fresco o
   1 cucharadita de tomillo seco
½ cucharadita de sal
½ cucharadita de pimienta negra recién molida
1.350 kg de papas (patatas) de cáscara roja, sin pelar, en rebanadas de .5 cm de grosor (4 tazas)
2 tazas de tiras delgadas de cebolla, en tiras delgadas
2 tazas de pimiento morrón rojo, en tiras delgadas
3 tazas (360 g) de queso mozzarella rallado
¼ de taza de consomé de pollo
¼ de taza de vino blanco o consomé de pollo
Ramitas de tomillo fresco (opcional)

1. Caliente el horno a 190 °C. Rocíe un molde de 33×23×7 cm con aceite en aerosol. En una taza, mezcle el aceite, el tomillo, la sal y la pimienta negra.

2. Llene la mitad de una olla grande con agua y hiérvala a fuego alto. Agregue las papas. Tape, retire del fuego y deje reposar durante 10 minutos. Escurra las papas y transfiéralas a un recipiente grande. Rocíe con la mezcla de aceite.

3. Acomode en el refractario un tercio de las papas. Coloque en capas la cebolla, la mitad de las tiras de pimiento y un tercio del queso. Repita las capas empezando con las papas; luego la tercera parte de las papas y el queso restante.

4. En una taza medidora, combine el consomé de pollo y el vino. Vierta de manera uniforme sobre la mezcla. Cubra con papel de aluminio y hornee durante 20 minutos. Retire el aluminio y hornee por 30 minutos más o hasta que las papas estén listas y la parte superior esté dorada. Adorne con ramitas de tomillo, si lo desea.

Rinde 8 porciones

Puré de Papa con Ajo Asado

1 cabeza grande de ajo
Aceite de oliva
¼ de taza de cebollín picado
¼ de taza de margarina o mantequilla
1.125 kg de papas (patatas) peladas, cocidas y en cubos
1½ tazas de leche
½ taza de mostaza Dijon
½ taza de queso cheddar rallado (60 g)
¼ de taza de perejil picado
Sal y pimienta negra al gusto

Para asar el ajo, quite la última capa de piel (que es parecida al papel). Unte el ajo con un poco de aceite de oliva y envuélvalo en papel de aluminio. Colóquelo en una charola. Hornee a 200 °C de 40 a 45 minutos. Deje enfriar y separe los dientes de ajo. Oprima un extremo para extraer la pulpa; deseche la piel.

En una sartén, saltee la pulpa del ajo y el cebollín con la margarina, a fuego medio, hasta que se suavicen. Agregue las papas cocidas, la leche, la mostaza y el queso. Machaque la mezcla de papa hasta obtener una consistencia suave y bien incorporada. Añada el perejil y sazone con sal y pimienta.

Rinde 8 porciones

Puré de Papa Campirano

**1.800 kg de papas (patatas) Idaho (russet) sin
    pelar, en trozos de 2.5 cm
  6 dientes grandes de ajo pelados
  ½ taza de crema agria
  ½ taza de leche descremada, tibia
  2 cucharadas de margarina
  2 cucharadas de romero fresco finamente
    picado o 1 cucharadita de romero seco
  2 cucharadas de tomillo fresco picado o
    ½ cucharadita de tomillo seco
  2 cucharadas de perejil finamente picado**

1. Coloque las papas y el ajo en una sartén mediana, y cubra con agua. Hierva. Tape, reduzca el fuego y deje hervir durante 15 minutos o hasta que las papas estén cocidas. Escurra bien.

2. Ponga las papas y el ajo en un recipiente grande. Bata con la batidora eléctrica hasta obtener una consistencia de puré. Bata la crema agria, la leche y la margarina hasta lograr una consistencia suave. Agregue el romero, el tomillo y el perejil.   *Rinde 8 porciones (de ¾ de taza)*

Puré de Papas y Nabo con Queso

**   1 kg de papas peladas
450 g de nabo, pelado
  ¼ de taza de leche
  ½ taza de queso cheddar rallado
  ¼ de taza de mantequilla o margarina
  1 cucharadita de salsa picante
  ½ cucharadita de sal**

En una olla grande y a fuego alto, ponga las papas y los nabos con suficiente agua para cubrirlos. Hierva. Reduzca el fuego a bajo, tape y hierva de 25 a 30 minutos o hasta que las verduras estén cocidas. Escurra. Regrese las verduras a la olla. Caliente a fuego alto durante algunos segundos para eliminar el exceso de humedad; agite la olla para evitar que se peguen.

En una olla mediana, a fuego medio, hierva la leche. En un recipiente grande, machaque las verduras. Añada la leche tibia, el queso, la mantequilla, la salsa picante y la sal.

Rinde 8 porciones

Nota: Las papas se puede preparar con 2 días de anticipación y recalentarse en el microondas o en baño María.

Puré de Papa Dorado

**2½ tazas de puré de papas (patatas) cocidas
  3 cucharadas de leche
  2 cucharadas de mantequilla o margarina
  1 cucharada de cebollín fresco picado
225 g de queso amarillo en cubos
  ¼ de taza (30 g) de queso parmesano
    rallado**

• Mezcle las papas, la leche, la mantequilla y el cebollín; bata hasta que esponje. Agregue la mitad del queso amarillo. Coloque en un refractario de 1 litro de capacidad. Espolvoree encima el queso parmesano. Hornee a 180 °C de 20 a 25 minutos o hasta que esté listo. Añada el resto del queso y siga horneando hasta que el queso empiece a derretirse.   *Rinde de 4 a 6 porciones*

Puré de Papa Campirano

Manzanas y Camotes Dorados

2 camotes (batatas) grandes
2 manzanas Washington Golden Delicious, descorazonadas y rebanadas a lo largo en rodajas
¼ de taza de azúcar morena
1 cucharadita de fécula de maíz
⅛ de cucharadita de clavo molido
½ taza de jugo de naranja
2 cucharadas de nuez picada

Caliente el horno a 200 °C. Hornee los camotes durante 50 minutos o hasta que estén suaves, pero que todavía mantengan su forma. (Esto también se puede hacer en el microondas.) Deje que los camotes se enfríen lo suficiente para manejarlos. *Reduzca la temperatura del horno a 180 °C.*

Pele y rebane horizontalmente los camotes. En un refractario poco profundo de 1 litro de capacidad, alterne las rodajas de manzana y camote, sobreponiéndolas un poco. En una olla pequeña, mezcle el azúcar, la fécula de maíz y los clavos. Vierta el jugo y revuelva bien. Caliente el jugo de naranja a fuego medio, moviendo hasta que espese. Bañe con el jugo las manzanas y los camotes. Añada encima las nueces. Hornee por 20 minutos o hasta que las manzanas y los camotes estén suaves.   *Rinde 6 porciones*

Combo Festivo de Camote

450 g de camotes (batatas) cocidos y escurridos
1⅓ tazas (30 g) de aros de cebolla fritos
1 manzana grande, en gajos delgados
2 latas (de 225 g cada una) de piña en trocitos, con su líquido
3 cucharadas de azúcar morena
¾ de cucharadita de canela en polvo

Caliente el horno a 190 °C. Engrase un refractario de 2 litros de capacidad. Coloque en capas los camotes, ⅔ de taza de aros de cebolla y la mitad de los gajos de manzana en el refractario que preparó.

Revuelva la piña con su líquido, el azúcar y la canela en un recipiente mediano. Ponga la mezcla de piña encima de la de camote. Acomode la manzana restante encima de la capa de piña.

Cubra y hornee durante 35 minutos o hasta que esté caliente. Destape y agregue los aros de cebolla restantes. Hornee por 3 minutos o hasta que los aros estén dorados.   *Rinde 6 porciones*

Tiempo de Preparación: 10 minutos

Tiempo de Cocción: 38 minutos

Camote al Gratín

1.350 kg de camotes (batatas) (unos 5 grandes)
½ taza de mantequilla o margarina
¼ de taza más 2 cucharadas de azúcar morena
2 huevos
⅔ de taza de jugo de naranja
2 cucharaditas de canela molida
½ cucharadita de sal
¼ de cucharadita de nuez moscada
⅓ de taza de harina de trigo
¼ de taza de avena tradicional sin cocer
⅓ de taza de nuez picada

Hornee los camotes a 180 °C durante 1 hora, hasta que estén suaves. O pínchelos varias veces y colóquelos en un recipiente para microondas. Hornee a temperatura ALTA, de 16 a 18 minutos, volteándolos después de 9 minutos. Déjelos reposar por 5 minutos.

Mientras los camotes están calientes, córtelos horizontalmente por la mitad. Quite la pulpa caliente y colóquela en un recipiente grande.

Bata ¼ de taza de mantequilla y 2 cucharadas de azúcar con la pulpa de los camotes, utilizando la batidora eléctrica a velocidad media, hasta que la mantequilla se derrita. Agregue los huevos, el jugo de naranja, 1½ cucharaditas de canela, la sal y la nuez moscada. Bata hasta suavizar. Vierta en un refractario de 1½ litros de capacidad.

Para coronar, mezcle la harina, la avena, ¼ de taza de azúcar y ½ cucharadita de canela en un recipiente mediano. Corte ¼ de taza de mantequilla hasta que la mezcla se convierta en grumos grandes. Incorpore las nueces. Espolvoree encima de los camotes de manera uniforme.*

Caliente el horno a 180 °C.

Hornee de 25 a 30 minutos o hasta que los camotes estén calientes. Para un acabado dorado, ase a 12 cm de la fuente de calor de 2 a 3 minutos o hasta que doren.

Rinde de 6 a 8 porciones

*En este momento, los camotes se pueden tapar y refrigerar hasta por 1 día. Deje reposar a temperatura ambiente durante 1 hora antes de hornear.

Camotes Calientes

4 camotes (batatas) pequeños (de 120 g cada uno)
2 cucharadas de margarina o mantequilla sin sal, suavizada
½ cucharadita de salsa picante
¼ de cucharadita de hojas de salvia seca, machacada

En una olla grande, cubra los camotes con agua. Tape y cueza a fuego alto de 20 a 25 minutos o hasta que estén suaves. Escúrralos y córtelos verticalmente.

Caliente el asador. En un recipiente pequeño, mezcle la margarina y la salsa picante. Unte ¾ de cucharadita de la mezcla de margarina encima de cada mitad de camote. Sazone con una pizca de salvia. Ponga en una charola para hornear cubierta con papel de aluminio y ase, cuidando de cerca, durante 5 minutos o hasta que se doren un poco. Sírvalos calientes.   *Rinde 4 porciones*

Camote al Gratín

Soufflé de Camote

3 huevos separados
¾ de taza de azúcar
1¼ tazas de puré de camote (batata)
1 taza de nuez picada
Azúcar
Crema batida (opcional)

Caliente el horno a 180 °C.

Bata las yemas de huevo en un recipiente grande hasta que estén espumosas. Poco a poco, agregue el azúcar y bata hasta se tornen de color limón. Añada el camote y ½ de las nueces. Mezcle bien.

Bata las claras de huevo en un recipiente aparte, hasta que se formen picos. Incorpore a la mezcla de camote. Vierta en un platón para soufflé engrasado con mantequilla y un poco de azúcar glass. Ponga las nueces encima. Espolvoree el azúcar. Hornee durante 15 minutos. Sirva de inmediato con crema batida, si lo desea.

Rinde 6 porciones

Camotes con Manzana y Canela

4 camotes (batatas) medianas
1½ tazas de manzanas finamente picadas
½ taza de jugo de naranja
½ taza de azúcar
1½ cucharaditas de fécula de maíz
½ cucharadita de canela molida
½ cucharadita de ralladura de cáscara de naranja

Instrucciones para Microondas: Pinche los camotes con un tenedor. Colóquelos sobre toallas de papel y hornee a temperatura ALTA de 10 a 13 minutos o hasta que estén suaves, volteándolos a la mitad del tiempo de cocción. En un recipiente para microondas, mezcle los demás ingredientes. Tape y cueza a temperatura ALTA durante 3 minutos. Cueza, sin tapar, a temperatura ALTA, de 1½ a 2½ minutos o hasta que la salsa haya espesado. Haga cortes sobre los camotes y vierta la salsa sobre cada uno. *Rinde 4 porciones*

Camote Esponjosito

1 kg de camote (batata)
⅓ de taza de jugo de naranja
1 huevo batido
1 cucharada de ralladura de cáscara de naranja
½ cucharadita de nuez moscada molida
¼ de taza de nuez picada

1. Pele y corte los camotes en piezas de 2.5 cm. Colóquelos en una olla mediana. Agregue suficiente agua para cubrirlos. Hierva a fuego medio-alto. Cueza hasta que estén suaves. Escúrralos y póngalos en un recipiente; macháquelos. Añada el jugo de naranja, la ralladura y la nuez moscada.

2. Caliente el horno a 190 °C. Rocíe una charola para hornear con aceite en aerosol. Acomode la mezcla de camote en 10 montoncitos en la charola que preparó. Espolvoree la nuez encima de ellos.

3. Hornee durante 30 minutos o hasta que los centros estén calientes. Adorne al gusto.

Rinde 10 porciones

Soufflé de Camote

Camotes Asados Jamaiquinos

2 camotes (batatas) grandes (unos 675 g)
3 cucharadas de azúcar morena
2 cucharadas de margarina suavizada
1 cucharadita de jengibre molido
2 cucharaditas de ron oscuro
1 cucharada de cilantro fresco picado

1. Pinche los camotes varias veces con un tenedor. Colóquelos sobre toallas de papel. Hornee en el microondas, a temperatura ALTA, de 5 a 6 minutos o hasta que estén cocidos, volteándolos ¼ de vuelta a la mitad del tiempo de cocción. Deje reposar por 10 minutos. Corte diagonalmente más o menos 1.5 cm de las puntas. Continúe cortando diagonalmente en rebanadas de 2 cm.

2. Mezcle el azúcar morena, 1 cucharada de margarina y el jengibre en un recipiente pequeño. Incorpore el ron y luego el cilantro.

3. Derrita la margarina restante y barnice con ella uno de los lados del camote. Ase, con el lado barnizado hacia abajo, sobre el asador cubierto, de 4 a 6 minutos o hasta que la parrilla quede marcada en los camotes. Barnice la parte superior con la margarina derretida restante. Voltee y ase de 3 a 5 minutos o hasta que se marque la parrilla. Para servir, coloque la mezcla de ron encima de las rebanadas de camote.

Rinde 6 porciones

Cacerola Agridulce de Camote

1.350 kg de camotes (batatas), pelados y en trozos de 2.5 cm
3 peras o manzanas peladas y en trozos de 2.5 cm
½ taza de azúcar morena
½ taza de jarabe sabor maple
2 cucharadas de salsa de pimienta de Cayena
2 cucharaditas de canela molida
¼ de cucharadita de especias mixtas (allspice)
2 cucharadas de mantequilla sin sal

1. Coloque los camotes en una olla grande y cúbralos con agua. Hierva. Cueza de 10 a 15 minutos o hasta que estén suaves. Escúrralos. Colóquelos junto con las peras en un refractario de 3 litros de capacidad.

2. Caliente el horno a 200 °C. Mezcle el azúcar, el jarabe, la salsa picante y las especias en un recipiente mediano. Vierta sobre los camotes y las peras. Agregue la mantequilla y tape.

3. Hornee de 30 a 35 minutos o hasta que se calienten y las peras estén suaves. Barnice con la salsa ocasionalmente. Coloque encima las almendras tostadas, si lo desea.

Rinde 8 porciones

Tiempo de Preparación: 25 minutos

Tiempo de Cocción: 30 minutos

Camotes Asados Jamaiquinos

Papas Salteadas con Ajo

1 kg de papas cocidas, peladas y en trozos
    de 2.5 cm
3 cucharadas de aceite de oliva
6 dientes de ajo con cáscara
1 cucharada de jugo de limón
1 cucharada de cebollín picado
1 cucharada de perejil fresco picado
    Sal y pimienta negra recién molida

Coloque las papas en un colador grande;
enjuague bajo el chorro de agua fría. Escúrralas y
séquelas. En una sartén antiadherente grande,
caliente el aceite de oliva a fuego medio-alto.
Coloque las papas en una sola capa. Cueza,
moviendo y volteando frecuentemente, durante
10 minutos o hasta que estén doradas. Agregue el
ajo. Tape; reduzca el fuego a bajo y cueza,
moviendo con cuidado la sartén y revolviendo de
vez en cuando, de 15 a 20 minutos o hasta que
las papas estén suaves al pincharlas con un
tenedor. Retire el ajo y deseche la cáscara. En un
recipiente pequeño, machaque el ajo y vierta el
jugo de limón. Incorpore a las papas y revuelva
bien. Cueza de 1 a 2 minutos o hasta que esté
caliente. Transfiera a un platón y espolvoree con
cebollín y perejil. Sazone al gusto con sal y
pimienta. *Rinde 4 porciones*

Papas Horneadas Dos Veces

3 papas (patatas) Idaho grandes
4 cucharadas de leche descremada, tibia
1 taza de queso cheddar rallado
¾ de taza de granos de elote (maíz)
½ cucharadita de chile en polvo
½ cucharadita de orégano seco
1 taza de cebolla picada
½ a 1 taza de chile poblano picado
3 dientes de ajo picados
½ cucharadita de sal
¼ de cucharadita de pimienta negra
3 cucharadas de cilantro picado

1. Caliente el horno a 200 °C. Talle las papas bajo
el chorro de agua con un cepillo suave. Escurra.
Pinche cada papa con un tenedor. Envuelva cada
papa en papel de aluminio. Hornéelas hasta que
estén suaves. Retire las papas y déjelas enfriar un
poco. *Reduzca la temperatura del horno a 180 °C.*

2. Corte las papas horizontalmente por la mitad.
Saque la pulpa; trate de no romper la cáscara.
Coloque las cortezas a un lado. Bata la pulpa.
Vierta la leche y bata hasta suavizar. Añada el
queso, el elote, el chile y el orégano.

3. Rocíe una sartén mediana con aceite en aerosol.
Agregue la cebolla, los chiles poblanos y el ajo.
Fría de 5 a 8 minutos o hasta que estén suaves.
Sazone con sal y pimienta.

4. Ponga la mezcla de papa dentro de las cortezas y
corone con la mezcla de cebolla. Acomode las
papas en una charola para hornear. Hornee de 20 a
30 minutos o hasta que estén calientes. Espolvoree
con cilantro. *Rinde 6 porciones*

Papas Salteadas con Ajo

Guisado Suizo de Papa

2 cucharadas de margarina
450 g de cebolla en rebanadas de .5 cm
(2 tazas)
1 cucharadita de ajo picado
1 kg de papas (patatas) de cáscara roja, en
rebanadas de .5 cm de grosor (4 tazas)
Aceite en aerosol
½ cucharadita de sal
¼ de cucharadita de pimienta negra recién
molida
1 taza (225 g) de queso suizo rallado
¼ de taza de perejil fresco picado
½ cucharadita de romero fresco o ¼ de
cucharadita de romero seco

1. En una sartén grande, derrita la mantequilla a fuego medio-alto. Agregue las cebollas y el ajo. Saltee durante 5 minutos o hasta que estén suaves. Rocíe ambos lados de las papas con aceite en aerosol. Sazone con sal y pimienta. Ponga las papas en la sartén con la mezcla de cebolla. Saltee durante 5 minutos o hasta que se doren ambos lados. Tape y cueza por 10 minutos o hasta que las papas estén suaves.

2. En un recipiente pequeño, mezcle el queso con el perejil y el romero. Espolvoree sobre las papas y revuelva ligeramente, hasta que el queso se derrita.
Rinde 6 porciones

Papas Asadas con Mostaza y Miel

¾ de taza de Mostaza con Tomillo y Miel
(receta más adelante)
4 papas (patatas) grandes (más o menos
1 kg)
Sal y pimienta negra

Prepare la Mostaza con Tomillo y Miel. Caliente el horno a 190 °C. Pele las papas y corte cada una en 6 u 8 trozos. Coloque en una olla grande. Cubra con agua salada. Hierva a fuego alto. Reduzca el fuego a bajo. Hierva, tapado, de 12 a 15 minutos o hasta que estén suaves. Escurra y transfiera a un recipiente grande. Añada la Mostaza con Tomillo y Miel; revuelva bien. Forre una charola con papel de aluminio. Rocíe con aceite en aerosol. Acomode las papas sobre la charola. Hornee durante 20 minutos o hasta que empiecen a dorarse alrededor de las orillas. Sazone al gusto con sal y pimienta antes de servir.
Rinde 4 porciones

Mostaza con Tomillo y Miel

1 taza de mostaza Dijon
½ taza de miel
1 cucharadita de hojas de tomillo seco
molido

Bata todos los ingredientes juntos en un recipiente pequeño. Transfiera a un recipiente herméticamente cerrado y refrigere hasta que lo vaya a usar.
Rinde 1½ tazas

Guisado Suizo de Papa

Gajos de Papa Picantes

3 papas (patatas) russet grandes, lavadas y
   talladas (no las pele) (más o menos
   1 kg)
¼ de taza de aceite de oliva
2 dientes de ajo picados
1 cucharadita de sal
1 cucharadita de pimentón
½ cucharadita de tomillo seco molido
½ cucharadita de orégano seco molido
¼ de cucharadita de pimienta negra
⅛ a ¼ de cucharadita de pimienta roja
   molida
2 tazas de pedacitos de mezquite

1. Prepare la parrilla para cocción directa.
Caliéntela a 220 °C.

2. Corte las papas horizontalmente por la mitad;
corte cada mitad a lo largo en 4 gajos. Coloque
las papas en un recipiente grande. Agregue el
aceite y el ajo; mezcle bien.

3. Combine la sal, el pimentón, el tomillo, el
orégano y las pimientas en un recipiente pequeño.
Espolvoree sobre las papas y mezcle. Ponga los
gajos de papa, en una sola capa, en una charola
para hornear poco profunda. (Guarde el resto de
la mezcla de aceite en un recipiente grande.)
Hornee durante 20 minutos.

4. Mientras tanto, cubra los pedacitos de mezquite
con agua fría; remójelos por 20 minutos. Escúrralos
y colóquelos sobre el carbón. Acomode las papas
sobre la parrilla. Ase las papas, con el asador
tapado, de 15 a 20 minutos o hasta que estén
doradas y suaves, barnizando con la mezcla de
aceite que guardó, volteándolas una vez a la mitad
del tiempo de cocción.

Rinde de 4 a 6 porciones

Papas Sureñas Estofadas

3 cucharadas de sazonador para verduras
1 cucharadita de mostaza seca
¼ de cucharadita de especias mixtas
   (allspice)
4 cucharadas de mantequilla sin sal
3 papas (patatas) medianas, peladas y en
   rebanadas de .5 cm
3 tazas de cebollas rebanadas
1 taza de consomé de pollo

Mezcle el sazonador, la mostaza y las especias en
un recipiente pequeño.

Derrita la mantequilla en una sartén pesada a
fuego alto. Cuando la mantequilla empiece a
crepitar, agregue las papas y 2 cucharadas de la
mezcla de sazonador. Tape y cueza a fuego alto de
4 a 6 minutos o hasta que las papas empiecen a
dorarse y se peguen en el fondo de la sartén;
ocasionalmente, quite los residuos. Agregue las
cebollas y el resto de la mezcla de sazonador.
Tape y cueza de 6 a 8 minutos o hasta que las
papas estén doradas. Vierta el consomé de pollo y
limpie el fondo de la sartén. Cueza, sin tapar,
hasta que el consomé haya sido absorbido
completamente por las papas, de 3 a 4 minutos.
Retire del fuego; tape y deje reposar por
5 minutos antes de servir.   *Rinde 6 porciones*

Gajos de Papa Picantes

Tortitas de Papa Santa Fe

3 tazas de puré de papa sin mantequilla
1 lata (120 g) de chiles verdes picados y
 escurridos
⅔ de taza de masa de maíz
3 cebollines rebanados
⅓ de taza (unos 45 g) de queso cheddar
 rallado
2 huevos batidos
2 cucharadas de cilantro fresco picado
1 cucharadita de chile en polvo
½ cucharadita de sal sazonada
½ cucharadita de pimienta sazonada
2 cucharadas de aceite de oliva
 Salsa
 Crema agria

En un recipiente grande, mezcle las papas, los chiles, ½ taza de masa, las cebollas, el queso, los huevos, el cilantro, el chile en polvo, y la sal y la pimienta sazonadas; forme 8 tortitas. Espolvoree ambos lados con la masa restante. En una sartén antiadherente grande, caliente 1 cucharada de aceite a fuego medio. Ponga 4 tortitas y cueza de 5 a 7 minutos o hasta que se doren, volteando una vez. Retire de la sartén. Manténgalas calientes. Repita la operación con las otras tortitas. Adorne al gusto.   *Rinde 4 porciones*

Sugerencia para Servir: Sirva con salsa y crema agria.

Sartén con Papas Fritas

675 g de papas (patatas) nuevas, lavadas
1½ cucharaditas de romero fresco
 ⅓ de taza de aceite de oliva
 1 a 2 cucharadas de mostaza seca
½ cucharadita de pimienta negra recién
 molida
450 g de queso Nokkelost o Jarlsberg, rallado

Con el rebanador o el procesador de alimentos, rebane finamente las papas; sumérjalas en agua fría para evitar que se decoloren. Talle el romero entre los dedos para quebrar las hojas; deje a un lado.

Caliente el horno a 220 °C. Caliente el aceite en una sartén de 30 cm. Agregue las papas y cueza a fuego medio-alto, moviendo la sartén para evitar que se rompan las papas. Cuando las papas estén un poco suaves, espolvoréelas con romero, mostaza al gusto y pimienta. Agite para mezclar. Presiónelas con una espátula. Fríalas hasta que estén doradas y crujientes.

Espolvoree encima el queso. De inmediato, colóquelas en el horno. Hornee de 2 a 3 minutos hasta que el queso empiece a burbujear y a dorarse.   *Rinde de 8 a 10 porciones*

Papas Hash con Romero

2 cucharadas de aceite de oliva
1 diente de ajo picado
2 cucharaditas de romero fresco picado
675 g de papas (patatas) de cáscara roja, sin pelar y en cubos de 1.5 cm
½ cucharadita de sal
½ cucharadita de pimienta negra

Caliente el aceite en una sartén grande a fuego medio. Agregue el ajo y el romero. Fría durante 2 minutos, revolviendo ocasionalmente. Añada las papas, la sal y la pimienta. Cueza por 5 minutos, moviendo de vez en cuando. Reduzca el fuego a medio-bajo. Cueza, sin tapar, durante 20 minutos o hasta que las papas estén doradas y crujientes, volteándolas ocasionalmente. Adorne con ramitas de romero y tomate, si lo desea. Sírvalas calientes. Refrigere los sobrantes.

Rinde de 4 a 6 porciones de guarnición

Papas Condimentadas

4 papas (patatas)
    Sal y pimienta negra
8 cucharaditas de mostaza en grano o semillas enteras
180 g de champiñones, pimienta o queso brie
2 cucharadas de cebollín finamente picado

Caliente el horno a 200 °C. Pinche las papas en 5 o 6 lugares distintos con un tenedor. Hornéelas de 50 a 60 minutos o hasta que estén cocidas y las cáscaras estén doradas. Córtelas horizontalmente en 4 rebanadas.

Con un cortador de bolitas de melón, quite un poco de papa del centro. Sazone con sal y pimienta. Rellene cada centro con ½ cucharadita de mostaza. Corte el queso en 16 trozos; ponga un trozo en cada centro. Espolvoree con el cebollín. Acomode en charolas para hornear. Hornee a 200 °C de 15 a 20 minutos o hasta que el queso se haya derretido y dorado.

Rinde 8 porciones

Papas Sazonadas

1 cucharada de margarina
1 taza de cebolla picada
½ taza de mayonesa light o aderezo de mayonesa bajo en grasa
⅓ de taza de vinagre de manzana
1 cucharada de azúcar
1 cucharadita de sal
¼ de cucharadita de pimienta recién molida
4 papas (patatas) medianas, cocidas, peladas y rebanadas
1 cucharada de perejil picado
1 cucharada de tocino (beicon) cocido y desmoronado

1. En una sartén grande, derrita la margarina a fuego medio. Agregue la cebolla y cueza de 2 a 3 minutos o hasta que esté suave y crujiente.

2. Añada la mayonesa, el vinagre, el azúcar, la sal y la pimienta. Ponga las papas y cueza, moviendo a menudo, durante 2 minutos o hasta que esté caliente (no deje hervir).

3. Espolvoree encima el perejil y el tocino.

Rinde de 6 a 8 porciones

Papas Hash con Romero

Papas y Chícharos con Eneldo

450 g de papas (patatas) nuevas pequeñas (de
6 a 8), en cuartos
2 tazas de chícharos (guisantes) congelados
360 g de gravy de pavo
½ taza de crema agria light
1 cucharadita de eneldo seco

Cueza las papas en una olla de 2 litros en agua
ligeramente salada, de 10 a 15 minutos o hasta
que estén suaves. Agregue los chícharos; cueza
durante 1 minuto y escurra bien. Mezcle el gravy,
la crema y el eneldo; añada a las verduras.
Caliente (no deje hervir), moviendo
ocasionalmente.

Rinde 8 porciones (unas 4 tazas)

Papas con Tres Pimientos

675 g de papas (patatas) medianas sin pelar, y
cortadas por la mitad
¼ de taza de aceite de oliva o vegetal
1 taza de pimiento morrón verde, una de
rojo y una de amarillo, finamente
rebanados
1½ cucharaditas de sal sazonada
¾ de cucharadita de orégano seco
machacado
½ cucharadita de lemon pepper (especia)
2½ cucharadas de vinagre de vino tinto

En una olla grande, cueza las papas en agua
hirviente durante 20 minutos o hasta que estén
suaves. Escurra el agua; enjuague bajo el chorro
de agua fría. Corte cada mitad en 3 gajos.

En una sartén grande, caliente el aceite y fría los
pimientos, la sal sazonada, el orégano y el lemon
pepper a fuego medio-alto durante 3 minutos.
Añada las papas y el vinagre. Cueza de 3 a
5 minutos más. Sírvalas calientes.

Rinde 6 porciones

Sugerencia para Servir: Sirva con roast beef y
ensalada de espinaca con cebolla.

Papas con Cebolla à la Smyrna

450 g de papas (patatas) de cáscara roja
⅓ de taza de aceite de oliva
1 cebolla grande finamente rebanada
Sal y pimienta negra recién molida
1 cucharada de perejil italiano fresco
picado

En una sartén mediana, cueza las papas en agua
hirviente, de 10 a 15 minutos o hasta que estén
suaves. Escurra bien y deje enfriar ligeramente.
Corte las papas en rebanadas de .5 cm. En una
sartén grande, caliente el aceite de oliva a fuego
medio-alto. Agregue la cebolla y fría de 3 a
5 minutos o hasta que esté suave, pero no dorada.
Con cuidado, añada las rebanadas de papa.
Cueza, moviendo ocasionalmente, por 5 minutos.
Sazone con sal y pimienta al gusto. Espolvoree el
perejil.

Rinde 4 porciones

Papas y Chícharos con Eneldo

Exquisitos

SOPAS Y GUISADOS

Sopa de Verduras

2 cucharadas de aceite de oliva
2 papas (patatas) medianas, peladas y en cuartos
2 cebollas medianas rebanadas
3 tazas de consomé de res
225 g de ejotes (judías verdes) frescos, en trozos de 2.5 cm
3 zanahorias peladas y picadas
225 g de espinaca lavada, enjuagada y picada, sin tallos
1 pimiento morrón verde picado
2 cucharadas de perejil fresco picado
1 cucharadita de albahaca fresca picada o
1 cucharadita de albahaca seca
½ cucharadita de comino molido
1 diente de ajo finamente picado
Sal y pimienta negra recién molida

En una olla grande y pesada, caliente el aceite de oliva a fuego medio-alto. Agregue las papas y las cebollas. Fría durante 5 minutos. Añada el consomé, los ejotes y las zanahorias. Hierva. Tape y reduzca el fuego a bajo; deje hervir por 10 minutos, moviendo ocasionalmente.

Incorpore la espinaca, el pimiento, el perejil, la albahaca, el comino y el ajo. Tape y deje hervir de 15 a 20 minutos más o hasta que las papas estén suaves. Sazone con sal y pimienta negra al gusto. Sirva caliente. *Rinde de 6 a 8 porciones*

Crema de Elote con Carne

1 taza de cebolla picada
1 cucharada de mantequilla o margarina
1½ tazas de papas (patatas) peladas y picadas
½ taza de pimiento morrón verde picado
2 latas (480 ml) de crema de elote (maíz)
2 tazas de leche
1 lata (360 g) de carne horneada con especias, en cubos

Saltee la cebolla en mantequilla hasta que se dore. Agregue las papas y el pimiento. Cueza por 3 minutos. Añada el elote y la leche. Hierva. Reduzca el fuego y hierva durante 15 minutos, moviendo ocasionalmente. Agregue la carne y hierva por 2 minutos más.

Rinde de 6 a 8 porciones

Sopa de Verduras

Sopa con Pasta

4 tazas de agua
3 o 4 piezas de pollo
1 taza de cebolla picada
¼ de taza de apio picado
¼ de taza de perejil fresco picado o
    1 cucharada de perejil seco
1 hoja de laurel
1 cucharadita de sal
¼ de cucharadita de pimienta blanca
2 papas (patatas) medianas picadas
4 o 5 cebollines picados
3 cubos de consomé de pollo
½ cucharadita de sal sazonada
½ cucharadita de sazonador para aves
4 tazas de leche
2 tazas de conchas de pasta, cocidas y
    escurridas
¼ de taza de margarina o mantequilla
¼ de taza de harina de trigo

Combine el agua, el pollo, la cebolla picada, el apio, el perejil, la hoja de laurel, la sal y la pimienta en una olla grande. Ponga a hervir. Reduzca el fuego a bajo y hierva hasta que el pollo esté cocido. Deseche la hoja de laurel. Retire el pollo y deje enfriar. Quítele la piel y el hueso, y corte en cubitos pequeños.

Agregue las papas, los cebollines, los cubos de consomé, la sal sazonada y el sazonador para aves al consomé. Hierva durante 15 minutos. Incorpore la leche, el macarrón y el pollo; vuelva a hervir.

Derrita la mantequilla en una sartén a fuego medio. Añada la harina y mueva constantemente, hasta que la mezcla empiece a dorar. Vacíe la sopa y mezcle bien.

Deje que la sopa hierva a fuego muy bajo por 20 minutos para que se mezclen los sabores. Sazone al gusto. Espolvoree la nuez moscada y más perejil, si lo desea.   *Rinde 8 porciones*

Crema de Verduras y Camarón

1½ tazas de cebolla española picada
½ taza de zanahoria rebanada
½ taza de apio picado
2 cucharadas de margarina o mantequilla
2 tazas de papas (patatas) peladas y picadas
1 bolsa (285 g) de elote (maíz) congelado
5 tazas de consomé de pollo
225 g de camarón pequeño, pelado y
    desvenado
⅓ de taza de mostaza Dijon
¼ de taza de apio picado

En una sartén grande a fuego medio, cueza las cebollas, las zanahorias y el apio con la margarina, de 3 a 4 minutos o hasta que estén suaves. Agregue las papas, el elote y el consomé de pollo. Hierva; reduzca el fuego y deje hervir de 20 a 25 minutos o hasta que las papas estén cocidas. Añada los camarones, la mostaza y el perejil. Cueza por 5 minutos más o hasta que los camarones estén cocidos. Adorne al gusto. Sirva caliente.   *Rinde 8 porciones*

Sopa con Pasta

Sopa de Hinojo con Papa

300 g de bulbo de hinojo con tallo de 2.5 cm
3 cucharadas de mantequilla o margarina
1 poro (puerro) lavado y cocido
3 tazas de leche
1 cucharada de caldo de verduras granulado
½ cucharadita de pimienta blanca molida
2 tazas de papas (patatas) rojas, peladas y en cubos
1 taza de leche y crema a partes iguales
3 cucharadas de jerez seco
2 cucharadas de harina de trigo
120 g de queso blue cheese, desmoronado
¼ de taza más 2 cucharadas de nuez finamente picada

1. Para preparar el hinojo, lave el bulbo. Corte los tallos de la parte superior, pero guarde las hojas en forma de pluma, para adornar. Retire las capas exteriores, dejando 3 mm de la base. Quite las partes secas o descoloridas de las capas. Corte el bulbo en cuartos y luego en gajos. Corte en rebanadas delgadas y horizontalmente por la mitad.

2. Derrita la mantequilla en una sartén grande a fuego medio. Agregue el poro y cueza por 10 minutos o hasta que esté suave.

3. Añada la leche, el consomé y la pimienta. Hierva a fuego medio-alto. Incorpore el hinojo y las papas. Reduzca el fuego a bajo. Tape y hierva de 15 a 20 minutos o hasta que el hinojo esté muy suave.

4. Combine la leche con crema, el jerez y la harina en un recipiente pequeño; bata hasta obtener una consistencia suave.

5. Agregue la mezcla de harina a la de hinojo. Cueza a fuego medio hasta que la mezcla espese, revolviendo constantemente. *No hierva*.

6. Sirva la sopa en platones; espolvoree cada porción con un cuarto de blue cheese y 1½ cucharaditas de nuez. Adorne, si lo desea.
Rinde 4 porciones

Vichyssoise

4 poros (puerros) medianos, rebanados (sólo la parte blanca)
1 cebolla mediana rebanada
¼ de taza de mantequilla o margarina
1 kg de papas (patatas) peladas y finamente rebanadas (unas 6 medianas)
4 tazas de consomé de pollo
2½ tazas de leche
Sal
2 tazas de leche y crema a partes iguales
Cebollín picado (opcional)

Saltee los poros y la cebolla en mantequilla en una sartén grande. Agregue las papas y el consomé. Ponga a hervir. Reduzca el fuego y deje hervir durante 30 minutos o hasta que las papas estén bien cocidas. Coloque la mezcla de papa en el procesador de alimentos o en la licuadora. Procese hasta suavizar. Regrese a la sartén. Agregue la leche y sazone con sal. Hierva la mezcla y retire del fuego. Deje enfriar. Cuele la mezcla en un cedazo fino. Vierta la leche con crema en la mezcla colada. Enfríe. Sirva la sopa en tazones o tazas. Espolvoree con cebollín, si lo desea.
Rinde de 8 a 10 porciones

Sopa de Hinojo con Papa

Sopa de Camote con Jamón

1 cucharada de mantequilla o margarina
1 poro (puerro) pequeño, rebanado
1 diente de ajo picado
4 tazas de consomé de pollo
2 camotes (batatas) medianos, pelados y en cubos de 2 cm
225 g de jamón, en cuadritos de 1.5 cm
½ cucharadita de tomillo seco
60 g de espinaca fresca picada, lavada, sin tallos y poco picada

Derrita la mantequilla en una sartén grande a fuego medio. Agregue el poro y el ajo. Cueza hasta que el poro esté suave.

Agregue el consomé de pollo, el camote, el jamón y el tomillo a la sartén. Hierva a fuego alto. Reduzca el fuego a bajo y cueza por 10 minutos o hasta que los camotes estén cocidos.

Añada la espinaca a la sopa. Hierva, sin tapar, durante 2 minutos más o hasta que la espinaca esté suave. Sirva de inmediato.

Rinde 6 porciones

Sopa de Pollo con Pimiento

2 cucharadas de aceite vegetal
2 tallos de apio picados
1 pimiento morrón verde picado
1 cebolla mediana picada
3 papas (patatas) medianas, peladas y picadas
3 cucharadas de harina de trigo
5 tazas de consomé de pollo
2 cucharaditas de salsa picante
½ cucharadita de tomillo seco
¼ de cucharadita de especias mixtas (allspice) molidas
¼ de cucharadita de sal
225 g de mitades de pechuga de pollo, deshuesadas y sin piel
¼ de taza de perejil fresco picado

En una olla de 5 litros de capacidad, caliente el aceite a fuego medio. Agregue el apio, el pimiento y la cebolla. Cueza durante 5 minutos. Ponga las papas y cueza por 5 minutos más, revolviendo ocasionalmente.

Agregue la harina a la mezcla y cueza durante 1 minuto. Incorpore el consomé de pollo, la salsa picante, el tomillo, las especias mixtas y la sal. Ponga a hervir a fuego alto. Reduzca el fuego a bajo. Tape y hierva por 10 minutos.

Mientras tanto, corte las pechugas de pollo en trozos pequeños. Añada las verduras a la olla. Tape y deje hervir durante 5 minutos más o hasta que el pollo y las papas estén cocidos. Ponga el perejil.

Rinde 6 porciones

Sopa de Camote con Jamón

Sopa de Papa y Cheddar

2 tazas de agua
2 tazas de papas (patatas) rojas, peladas y en cubos
3 cucharadas de mantequilla o margarina
1 cebolla pequeña finamente picada
3 cucharadas de harina de trigo
Pimienta roja y negra al gusto
3 tazas de leche
½ cucharadita de azúcar
1 taza (120 g) de queso cheddar rallado
1 taza de jamón cocido en cubos

Hierva el agua en una olla grande. Agregue las papas y cueza hasta que estén suaves. Escurra; guarde el líquido. Mida 1 taza; agregue agua si es necesario. Derrita la mantequilla en una olla a fuego medio. Ponga la cebolla y cueza hasta que esté suave pero no dorada. Incorpore la harina y sazone con pimienta roja y negra. Cueza de 3 a 4 minutos. Poco a poco, agregue las papas, el líquido que guardó, la leche y el azúcar a la mezcla de cebolla; mezcle bien. Añada el queso y el jamón. Deje hervir a fuego bajo durante 30 minutos, moviendo frecuentemente.

Rinde 12 porciones

Sopa Cremosa de Papa y Espárragos

420 g de papas (patatas) nuevas cocidas
1 lata (360 g) de espárragos escurridos
½ cucharadita de tomillo seco machacado
⅛ de cucharadita de ajo en polvo
400 ml de consomé de pollo
1 taza de leche y crema a partes iguales

1. Coloque las papas, los espárragos, el tomillo y el ajo en polvo en el procesador de alimentos o en la licuadora (en tandas, si es necesario). Procese hasta suavizar.

2. En una olla mediana vierta el consomé. Hierva. Agregue la leche; caliente bien. *(No deje hervir.)* Sazone con sal y pimienta al gusto. Sirva caliente o frío. Adelgace con leche o agua, si lo desea.

Rinde 4 porciones

Tiempo de Preparación: 5 minutos

Tiempo de Cocción: 5 minutos

Vichyssoise con Eneldo

1 taza de poros (puerros) picados
1 papa (patata) grande, pelada y en cubos
¼ de taza de cebollín finamente picado
2 dientes de ajo picados
2 cucharaditas de azúcar
3 tazas de consomé de pollo
1 taza de agua
¾ de taza de leche
2 cucharadas de eneldo fresco, finamente picado

Coloque el poro, la papa, el cebollín, el ajo y el azúcar en una sartén grande. Vierta el consomé de pollo y el agua. Deje hervir a fuego medio de 15 a 20 minutos o hasta que las papas estén muy suaves. Retire del fuego y haga puré en el procesador de alimentos o en la licuadora, por tandas. Agregue la leche y el eneldo. Tape y refrigere durante 3 horas por lo menos antes de servir.

Rinde 6 porciones

Sopa de Papa y Cheddar

Sopa Calidoscopio

3 tazas de agua
3 papas (patatas) grandes, peladas y picadas
1 frasco (780 ml) de salsa para espagueti
2 zanahorias grandes, peladas y finamente rebanadas
675 g a 900 g de mariscos variados, como filete de pescado, mejillones, camarón o almejas
½ taza de vino blanco seco
2 tazas de espinaca fresca picada
1 pimiento morrón amarillo, sin semillas y picado
Queso parmesano recién rallado

En una cacerola grande, hierva el agua. Agregue las papas y cueza durante 5 minutos. Añada la salsa y las zanahorias. Al primer hervor, reduzca el fuego y deje hervir por 5 minutos.

Corte el pescado en trozos pequeños. Pele y desvene el camarón. Incorpore los mariscos y el vino a la sopa. Cueza a fuego medio-alto, moviendo a menudo, hasta que el pescado esté opaco, de 3 a 4 minutos. Ponga la espinaca y el pimiento. Tape. Retire del fuego y deje reposar hasta que la espinaca y el pimiento estén listos, por unos 2 minutos. Sirva con queso parmesano.

Rinde 4 porciones

Nota: Esta sopa es excelente con pechuga de pollo cocida y picada.

Crema de Mariscos

2 poros (puerros) cortados a lo largo
2 cucharadas de mantequilla o margarina
2 tazas de leche
2 tazas de papas (patatas) peladas y picadas
1 paquete (225 g) de imitación de carne de cangrejo, desmenuzada
½ cucharadita de tomillo seco
⅛ a ¼ de cucharadita de salsa picante
225 g de queso amarillo en cubos
2 cucharadas de jerez seco (opcional)

Rebane finamente la parte blanca de los poros y 2.5 cm de la parte verde; saltee en mantequilla.

Agregue los demás ingredientes, excepto el queso y el jerez.

Hierva. Reduzca el fuego a bajo y tape. Deje hervir durante 15 minutos o hasta que las papas estén suaves.

Añada el queso y el jerez; mueva hasta que el queso se derrita. Adorne con cebollín fresco y cáscara de limón.

Rinde 6 porciones

Sopa Calidoscopio

Crema de Elote con Crema de Pimiento Rojo

CREMA DE PIMIENTO ROJO

    1 frasco (210 g) de pimientos morrones
        rojos asados, escurridos y secos
    3 cucharadas de crema agria
    2 cucharadas de salsa de pimienta de
        Cayena

CREMA DE ELOTE

    1 cucharada de aceite de oliva
    1 poro (puerro) grande (sólo la porción
        blanca), bien enjuagado y picado*
        (1½ tazas)
    2 zanahorias picadas
    ¾ de cucharadita de tomillo seco
    ½ cucharadita de albahaca seca
    420 ml de consomé de pollo
    340 g de papas (patatas) peladas y en trozos
        de 1.5 cm (2 tazas)
    1 lata (300 ml) de crema condensada de
        elote (maíz)
    1 taza de leche y crema a partes iguales
    1 taza de elote (maíz) congelado
    ¼ de cucharadita de sal
    1 cucharada de salsa de pimienta de
        Cayena

*Puede sustituir con 6 cebollines pequeños y picados (sólo la parte blanca).

1. Mezcle los pimientos, la crema y 2 cucharadas de salsa en la licuadora o en el procesador de alimentos. Tape y procese hasta que se haga puré.

2. Caliente el aceite en una sartén grande. Agregue el poro y las zanahorias. Cueza a fuego medio durante 4 minutos o hasta que estén suaves. Añada el tomillo y la albahaca. Cocine por 1 minuto. Incorpore el consomé de pollo y las papas. Deje hervir; reduzca el fuego a bajo y tape. Cueza durante 5 minutos o hasta que las papas estén suaves. Vierta la crema de elote, 1 taza de agua, la leche con crema y la sal. Ponga a hervir. Reduzca el fuego a bajo y cueza por 3 minutos. Agregue 1 cucharada de salsa picante.

3. Sirva la crema en tazones. Corone con una cucharada de la crema de pimiento. Adorne con cebollín, si lo desea.

Rinde 6 porciones (7 tazas de crema, 1 taza de crema de pimiento)

Tiempo de Preparación: 30 minutos

Tiempo de Cocción: unos 15 minutos

Crema de Elote con Crema de Pimiento Rojo

Crema de Verduras y Alubias

½ taza de cebolla picada
½ taza de apio picado
2 tazas de agua
½ cucharadita de sal
2 tazas de papas (patatas) peladas y en cubos
1 taza de zanahoria en rebanadas
1 lata (435 g) de crema de elote (maíz)
1 lata (435 g) de alubias, escurridas
¼ de cucharadita de estragón seco
¼ de cucharadita de pimienta negra molida
2 tazas de leche baja en grasa
2 cucharadas de fécula de maíz

1. Rocíe una olla de 4 litros de capacidad con aceite en aerosol. Caliente a fuego medio-alto. Agregue la cebolla y el apio. Cueza durante 3 minutos o hasta que esté suave y crujiente.

2. Añada el agua y la sal. Hierva a fuego alto. Ponga las papas y la zanahoria. Reduzca el fuego a medio-bajo. Tape y deje hervir por 10 minutos o hasta que las papas y las zanahoria estén cocidas. Incorpore la crema de elote, las alubias, el estragón y la pimienta. Tape y deje hervir durante 10 minutos.

3. Vierta la leche en la fécula de maíz en un recipiente mediano; revuelva hasta obtener una consistencia suave. Agregue a la mezcla de verduras. Deje hervir, sin tapar, hasta que espese. Adorne al gusto.

Rinde 5 porciones (de 1½ tazas)

Sopa de Papa con Queso

450 g de papas (patatas) peladas y finamente rebanadas
1 taza de cebolla rebanada
2½ tazas de consomé de pollo
1 taza de champiñones rebanados
½ taza de pimiento morrón rojo picado
½ taza de cebollín rebanado
½ taza de leche baja en grasa
1 taza (120 g) de queso Asiago finamente rallado
Sal y pimienta negra (opcional)
2 cucharadas de perejil fresco picado

En una olla de 3 litros de capacidad, mezcle las papas, 1 taza de cebolla y el consomé. Deje hervir. Reduzca el fuego a bajo. Tape y cueza hasta que las papas estén cocidas, por unos 10 minutos. Transfiera a la licuadora y licue hasta obtener una consistencia suave. Regrese a la olla. Agregue los champiñones, el pimiento, el cebollín y la leche. Hierva a fuego medio-bajo. Incorpore el queso, unas cuantas cucharadas a la vez, revolviendo hasta que se derrita. Sazone con sal y pimienta negra. Espolvoree el perejil.

Rinde 6 porciones, 6 tazas

Crema de Verduras y Alubias

Crema de Elote y Cebolla

115 g de tocino (beicon) sin cocer, picado
2 papas (patatas) medianas (340 g),
    picadas y en cubos de .5 cm
1⅓ taza (30 g) de aros de cebollas fritos
½ taza de apio picado
1 cucharada de tomillo fresco o ¾ de
    cucharadita de tomillo seco
1 hoja de laurel
1½ tazas de agua
2 latas (435 g) de crema de elote (maíz)
1½ tazas de leche
½ cucharadita de sal
¼ de cucharadita de pimienta blanca o
    negra molida

Fría el tocino en una sartén grande a fuego medio-alto, hasta que esté dorado. Póngalo sobre una toalla de papel. Escurra la grasa, excepto 1 cucharada.

Agregue las papas, ⅔ de taza de aros de cebolla, el apio, el tomillo y la hoja de laurel a la sartén. Ponga a hervir en agua a fuego medio-alto. Reduzca el fuego a bajo. Tape y hierva de 10 a 12 minutos o hasta que las papas estén suaves, revolviendo ocasionalmente.

Añada la crema de elote, la leche, la sal, la pimienta y el tocino. Cocine hasta que esté caliente. *No deje hervir.* Deseche la hoja de laurel. Sirva en platos individuales. Corone con ⅔ de taza de aros de cebolla.

Rinde de 6 a 8 porciones

Tiempo de Preparación: 20 minutos

Tiempo de Cocción: 20 minutos

Estofado a la Sidra

1 kg de carne de res, en trozos de 2.5 cm
2 cucharadas de margarina
¼ de taza de harina de trigo
2 tazas de agua
1 taza de sidra de manzana
½ taza de salsa para carne
2 cucharaditas de tomillo seco
½ cucharadita de pimienta negra molida
1 hoja de laurel
3 papas (patatas) medianas, peladas y en
    cubos de 2.5 cm
3 zanahorias medianas picadas
1 cebolla mediana picada
1 paquete (285 g) de ejotes (judías verdes)
    congelados

En una sartén grande, a fuego medio-alto, dore la carne con la margarina. Agregue la harina. Poco a poco, vierta el agua, la sidra y la salsa para carne. Ponga a hervir a fuego alto. Añada el tomillo, la pimienta y la hoja de laurel. Al primer hervor, reduzca el fuego a bajo. Tape y deje hervir durante 2 horas.

Incorpore las papas, las zanahorias, la cebolla y los ejotes. Tape y cueza por 30 minutos o hasta que las verduras estén suaves. Deseche la hoja de laurel antes de servir.   *Rinde de 6 a 8 porciones*

Estofado Francés de Res

675 g de carne de res, en trozos de 2.5 cm
¼ de taza de harina de trigo
2 cucharadas de aceite vegetal
420 g de tomates rojos cocidos con ajo y
    cebolla, picados
400 ml de consomé de res
4 zanahorias medianas, peladas y en trozos
    de 2.5 cm
4 papas (patatas) medianas, peladas y en
    trozos de 2.5 cm
¾ de cucharadita de tomillo seco,
    machacado
2 cucharadas de mostaza Dijon (opcional)

1. Mezcle la carne y la harina en una bolsa grande de plástico. Mueva para cubrir bien.

2. Dore la carne en una olla de 6 litros de capacidad. Sazone con sal y pimienta al gusto.

3. Agregue los demás ingredientes, excepto la mostaza. Ponga a hervir. Al primer hervor, reduzca el fuego a medio-bajo. Tape y hierva durante 1 hora o hasta que la carne esté suave.

4. Combine con la mostaza. Adorne y sirva con pan francés tostado y caliente, si lo desea.

Rinde de 6 a 8 porciones

Tiempo de Preparación: 10 minutos

Tiempo de Cocción: 1 hora

Estofado Picante

1 kg de paleta o lomo de cerdo, sin hueso,
    en trozos de 4 cm
2 cucharadas de aceite vegetal
2 tazas de cebolla picada
1 taza de pimiento morrón verde picado
¼ de taza de cilantro fresco picado
2 dientes de ajo picados
3 a 4 cucharadas de chile en polvo
2 cucharaditas de orégano seco
1 cucharadita de sal
½ cucharadita de pimienta roja machacada
840 ml de consomé de pollo
3 tazas de papas (patatas) peladas, en cubos
    de 1.5 cm
2 tazas de granos de elote (maíz) fresco o
    congelado
1 lata (450 g) de garbanzo escurrido

Caliente el aceite en una olla grande y pesada. Dore la carne a fuego medio-alto. Agregue las cebollas, el pimiento, el cilantro, el ajo, el chile en polvo, el orégano, la sal, la pimienta roja y el consomé de pollo. Tape y cueza a fuego medio-bajo de 45 a 55 minutos o hasta que la carne esté cocida. Añada las papas, el elote y el garbanzo. Tape y cueza de 15 a 20 minutos más.

Rinde 8 porciones

Tiempo de Preparación: 20 minutos

Tiempo de Cocción: 60 minutos

Estofado Africano de Garbanzo y Camote

Pasta de Especias (receta más adelante)
675 g de camotes (batatas) pelados y en
   cubos
2 tazas de caldo de verduras o agua
450 g de tomates rojos cocidos, picados
1 lata (450 g) de garbanzo, escurrido
1½ tazas de okra (angú) fresca rebanada o
   1 paquete (285 g) de okra
   descongelada
Couscous Amarillo (receta más adelante)
Salsa picante
Cilantro fresco para adornar

1. Prepare la Pasta de Especias.

2. Mezcle los camotes, el caldo de verduras, los tomates con su jugo, los garbanzos, la okra y la Pasta de Especias en una sartén grande. Ponga a hervir a fuego alto. Reduzca el fuego a bajo. Tape y hierva por 15 minutos. Destape y deje hervir durante 10 minutos o hasta que las verduras estén suaves.

3. Mientras tanto, prepare el Couscous Amarillo.

4. Sirva con el couscous y la salsa picante. Adorne al gusto. *Rinde 4 porciones*

Pasta de Especias

6 dientes de ajo pelados
1 cucharadita de sal de grano
2 cucharaditas de pimentón dulce
1½ cucharaditas de semillas de comino
1 cucharadita de pimienta negra machacada
½ cucharadita de jengibre molido
½ cucharadita de especias mixtas (allspice)
   molidas
1 cucharada de aceite de oliva

Licue el ajo y la sal hasta que el ajo esté finamente picado. Agregue las demás especias. Licue por 15 segundos. Mientras la licuadora está funcionando, vierta el aceite. Muela hasta obtener una consistencia de pasta.

Couscous Amarillo

5 cebollines
1 cucharada de aceite de oliva
1⅔ tazas de agua
¼ de cucharadita de sal
⅛ de cucharadita de hilos de azafrán o
   ½ cucharadita de cúrcuma molida
1 taza de couscous precocido*

*Verifique que la etiqueta mencione "semolina precocida".

1. Corte las raíces de los cebollines. Córtelos en rebanadas.

2. Caliente el aceite en una sartén mediana a fuego medio-alto. Agregue el cebollín y fría durante 4 minutos. Añada el agua, la sal y el azafrán. Ponga a hervir. Incorpore el couscous. Retire del fuego. Tape y deje reposar por 5 minutos. *Rinde 3 tazas*

Estofado Africano de Garbanzo y Camote

Estofado de Pavo

1 kg de muslos de pavo, sin piel
1 cucharada de aceite vegetal
3 tazas de cebolla finamente rebanada
675 g de calabaza almizclera, pelada, sin
     semillas y en trozos de 2.5 cm
450 g de camote (batata) pelado y en cubos
     de 2.5 cm
450 g de tomates rojos cocidos
1 taza de consomé de pollo o de pavo
¼ de taza de coco rallado endulzado
½ cucharadita de sal
½ cucharadita de hojuelas de pimienta roja
1 lata (450 g) de frijol negro,* escurrido

CONDIMENTOS

2 plátanos (bananas) medianos rebanados
1 manojo de cebollines rebanados
½ taza de coco rallado endulzado
1 a 2 limones, en gajos

*Si no tiene frijoles enlatados a su alcance, remoje 225 g
de frijol negro sin cocer siguiendo las instrucciones del
paquete. Agregue los frijoles en el paso 2 con las verduras
y el pavo.

1. En una olla grande a fuego medio-alto, dore el
pavo en aceite, por unos 3 minutos de cada lado.

2. Agregue los cebollines; fría de 2 a 3 minutos o
hasta que se vean translúcidos. Añada el pavo, la
calabaza, el camote, los tomates, el consomé,
¼ de taza de coco, la sal y la pimienta roja.
Ponga a hervir. Reduzca el fuego a bajo. Tape y
hierva de 1¼ a 1½ horas o hasta que el
termómetro insertado en la carne de pavo
registre de 81 a 85 °C.

3. Retire el pavo y desmenuce la carne. Deseche
los huesos. Regrese el pavo a la olla y agregue los
frijoles. Caliente bien.

4. Sirva el estofado en tazones, con plátanos,
cebollines y coco. Exprima limón encima.

Rinde 6 porciones

Estofado Campirano de Pollo

2 cucharadas de margarina o mantequilla
450 g de pechugas de pollo, deshuesadas y sin
     piel, en trozos de 2.5 cm
225 g de papas (patatas) rojas, en cubos de
     1.5 cm
2 cucharadas de jerez para cocinar
2 frascos (de 360 g cada uno) de gravy de
     pollo
1 bolsa (450 g) de verduras mixtas:
     brócoli, pimiento, cebollas de cambray
     y ejotes (judías verdes)
½ taza de agua

• Derrita la mantequilla en una sartén grande a
fuego alto. Agregue el pollo y las papas. Cueza
durante unos 8 minutos o hasta que se doren,
moviendo a menudo.

• Vierta el jerez y cueza hasta que se evapore.
Añada el gravy, las verduras y el agua.

• Ponga a hervir. Reduzca el fuego a medio-bajo.
Tape y cueza por 5 minutos.

Rinde de 4 a 6 porciones

Estofado Campirano de Pollo

Estofado Brunswick

1 kg de piezas de pollo, enjuagadas
2⅓ tazas de agua fría
420 g de tomates rojos cocidos y sin escurrir
2 tallos de apio rebanados
1 cebolla mediana picada
2 dientes de ajo picados
1 hoja de laurel
½ cucharadita de sal
⅛ de cucharadita de pimienta roja molida
6 papas (patatas) nuevas sin pelar, en mitades
1 taza de succotash*
1 taza de jamón en cubos
1 cucharada de harina de trigo

*El succotash es un guiso de los indios americanos, no fácilmente disponible en tiendas especializadas. Usted puede sustituirlo con una mezcla de frijoles con habas salteados en mantequilla y sazonados con sal y pimienta.

1. En una olla de 5 litros de capacidad, coloque el pollo, 2 tazas de agua fría, los tomates con su jugo, el apio, la cebolla, el ajo, la hoja de laurel, la sal y la pimienta. Ponga a hervir a fuego alto. Reduzca a fuego medio-bajo; deje hervir, sin tapar, por 45 minutos o hasta que el pollo esté suave; quite la espuma que se forme.

2. Saque el pollo y deje que se enfríe. Retire la hoja de laurel y la grasa.

3. Deshuese el pollo; deseche la piel y los huesos. Corte la carne en trozos del tamaño de un bocado.

4. Agregue las papas, el succotash y el jamón a la olla. Deje hervir. Reduzca el fuego; deje hervir, sin tapar, durante 30 minutos o hasta que las papas estén suaves. Añada el pollo.

5. Vacíe la harina en el agua restante; bata hasta suavizar. Vierta la mezcla en el estofado. Cueza y mueva con cuidado, a fuego medio, hasta que empiece a burbujear. *Rinde 6 porciones*

Estofado de Camote y Arándano Rojo

2 cucharaditas de aceite vegetal
450 g de carne de cerdo, en tiras de 2.5 cm
1 cucharada de azúcar morena
2 camotes (batatas) pelados y en trozos
½ cucharadita de especias mixtas (allspice) molidas
¼ de cucharadita de pimienta negra
¾ de taza de consomé de pollo*
2 tazas de arándanos rojos

*Puede sustituir el consomé de pollo por 1 cubo de consomé instantáneo disuelto en ¾ de taza de agua.

Caliente el aceite a fuego medio en una sartén mediana. Agregue la carne y el azúcar. Cueza por 10 minutos o hasta que la carne se dore un poco. Retire la carne. Añada los camotes, las especias, la pimienta y el consomé. Deje hervir a fuego bajo durante 15 minutos. Incorpore el arándano y la carne. Deje hervir, tapado, por 15 minutos o hasta que la carne esté cocida. *Rinde 4 porciones*

Estofado Brunswick

Estofado Jamaiquino de Frijol Negro

2 tazas de arroz integral sin cocer
1 kg de camote (batata)
1.350 kg de calabaza almizclera
400 ml de caldo de verduras
1 cebolla grande poco picada
3 dientes de ajo picados
1 cucharada de curry en polvo
1½ cucharaditas de especias mixtas (allspice)
½ cucharadita de pimienta roja molida
¼ de cucharadita de sal
2 latas (de 435 g cada una) de frijol negro, escurrido
½ taza de uvas pasa
3 cucharadas de jugo de limón fresco
1 taza de tomate rojo picado
1 taza de pepino pelado y picado

1. Prepare el arroz de acuerdo con las instrucciones del paquete. Pele los camotes y córtelos en trozos de .5 cm, hasta obtener 4 tazas. Pele la calabaza y deseche las semillas. Corte en cubos de 2 cm hasta obtener 5 tazas.

2. Mezcle las papas, la calabaza, el caldo de verduras, la cebolla, el ajo, el curry en polvo, las especias mixtas, la pimienta y la sal en una olla grande. Ponga a hervir. Reduzca el fuego a bajo. Tape y hierva durante 5 minutos. Agregue el frijol y las uvas pasa. Deje hervir por 5 minutos o hasta que el camote esté suave y el frijol esté caliente. Retire del fuego. Vierta el jugo de limón.

3. Sirva sobre el arroz integral y corone con tomate y pepino. Adorne con cáscara de limón.

Rinde 8 porciones

Pollo Casero con Estofado de Camote

4 pechugas de pollo, deshuesadas y sin piel
Sal de ajo y pimienta
½ taza de harina de trigo
¼ de taza de aceite vegetal
2 tazas de camote (batata) pelado y picado
1 taza de cebolla picada
420 g de tomates rojos cocidos, ligeramente machacados
¾ de taza de consomé de pollo
¾ de taza de sidra de manzana
½ cucharadita de eneldo seco
1 cubo de consomé de pollo
Una o dos pizcas de salsa picante
Sal al gusto

Enjuague el pollo y séquelo. Córtelo en trozos de 1.5 cm. Sazone con sal de ajo y pimienta. Coloque la harina en una bolsa de plástico. Agregue el pollo; mueva la bolsa hasta que el pollo esté bien cubierto. En una olla grande, caliente el aceite. Ponga el pollo y cueza por ambos lados hasta que se dore. Retire el pollo. En la misma olla, agregue el camote y la cebolla; saltee hasta que la cebolla esté suave. Añada el resto de los ingredientes, excepto la sal, y mezcle bien. Incorpore el pollo. Ponga a hervir. Reduzca el fuego, tape y hierva de 25 a 30 minutos o hasta que el pollo y los camotes estén cocidos, moviendo frecuentemente. Sazone con sal al gusto.

Rinde 4 porciones

Estofado Jamaiquino de Frijol Negro

Estofado de Salchicha

¼ de taza de aceite de oliva
4 zanahorias picadas
1 cebolla cortada en cuartos
1 taza de apio picado
2 dientes de ajo finamente picados
1 cucharadita de hinojo finamente picado
 Sal y pimienta negra al gusto
12 papas (patatas) nuevas pequeñas
450 g de champiñones cortados por la mitad
720 g de tomates rojos cocidos y picados
1 lata (225 g) de salsa de tomate
1 cucharada de orégano seco
450 g de kielbasa (salchicha polaca)
 rebanada*

*O sustituya por salchicha ahumada.

Caliente el aceite en una sartén pesada a fuego medio-alto. Agregue las zanahorias, la cebolla, el apio, el ajo, el hinojo, la sal y la pimienta. Saltee hasta que las verduras estén suaves. Añada las papas, los champiñones, los tomates con su jugo, la salsa de tomate y el orégano. Cueza durante 20 minutos a fuego bajo. Incorpore la salchicha; deje hervir por 15 minutos o hasta que esté bien caliente. *Rinde 6 porciones*

Estofado Arizona de Pavo

3 cucharadas de aceite de oliva o vegetal
5 zanahorias medianas en rebanadas
 gruesas
1 cebolla grande, en trozos de 1.5 cm
450 g de pechuga de pavo, en tiras de 2.5 cm
1 cucharadita de ajo en polvo con perejil
3 cucharadas de harina de trigo
8 papas (patatas) rojas pequeñas, en cubos
 de 1.5 cm
1 bolsa (285 g) de chícharos (guisantes)
 descongelados
8 champiñones frescos rebanados
1 taza de consomé de res
225 g de salsa de tomate
35 g de especias y condimentos con picante

En una sartén grande, caliente el aceite. Cueza las zanahorias y la cebolla a fuego medio hasta que se suavicen. Agregue el pavo y el ajo con perejil. Cueza de 3 a 5 minutos más o hasta que el pavo se dore. Añada la harina. Coloque la mezcla en un recipiente de 3 litros. Incorpore el resto de los ingredientes. Cubra y hornee a 230 °C, de 40 a 45 minutos o hasta que las papas estén cocidas y el pavo pierda su color rosado en el centro. Deje reposar durante 5 minutos antes de servir. *Rinde de 8 a 10 porciones*

Sugerencia para Servir: Sirva con tortillas de harina calientes.

Sugerencia: Para preparar en la estufa tradicional, use una olla grande y pesada. Hierva a fuego medio-alto. Al primer hervor, reduzca el fuego a bajo. Tape y cueza de 40 a 45 minutos o hasta que las papas estén cocidas y el pavo pierda su color rosado en el centro. Deje reposar por 5 minutos antes de servir.

Estofado de Salchicha

ÍNDICE

NOTAS

TABLA DE CONVERSIÓN

MEDIDAS DE CAPACIDAD (seco)

⅛ de cucharadita = 0.5 ml
¼ de cucharadita = 1 ml
½ cucharadita = 2 ml
¾ de cucharadita = 4 ml
1 cucharadita = 5 ml
1 cucharada = 15 ml
2 cucharadas = 30 ml
¼ de taza = 60 ml
⅓ de taza = 75 ml
½ taza = 125 ml
⅔ de taza = 150 ml
¾ de taza = 175 ml
1 taza = 250 ml
2 tazas = 1 pinta (pint) = 500 ml
3 tazas = 750 ml
4 tazas = 1 litro (1 quart)

MEDIDAS DE CAPACIDAD (líquido)

30 ml = 2 cucharadas = 1 fl. oz
125 ml = ½ taza = 4 fl. oz
250 ml = 1 taza = 8 fl. oz
375 ml = 1½ tazas = 12 fl. oz
500 ml = 2 tazas = 16 fl. oz

PESO (masa)

15 g = ½ onza (oz)
30 g = 1 onza (oz)
90 g = 3 onzas (oz)
120 g = 4 onzas (in)
225 g = 8 onzas (in)
285 g = 10 onzas (in)
360 g = 12 onzas (in)
450 g = 16 onzas (in)

115 g = ¼ de libra (lb)
150 g = ⅓ de libra (lb)
225 g = ½ libra (lb)
340 g = ¾ de libra (lb)
450 g = 1 libra = 1 pound
565 g = 1¼ libras (lb)
675 g = 1½ libras (lb)
800 g = 1¾ libras (lb)
900 g = 2 libras (lb)
1.125 kg = 2½ libras (lb)
1.240 kg = 2¾ libras (lb)
1.350 kg = 3 libras (lb)
1.500 kg = 3½ libras (lb)
1.700 kg = 3¾ libras (lb)
1.800 kg = 4 libras (lb)
2.250 kg = 5 libras (lb)
2.700 kg = 6 libras (lb)
3.600 kg = 8 libras (lb)

TEMPERATURA DEL HORNO

48 °C = 120 °F
54 °C = 130 °F
60 °C = 140 °F
65 °C = 150 °F
70 °C = 160 °F
76 °C = 170 °F
81 °C = 180 °F
92 °C = 200 °F
120 °C = 250 °F
140 °C = 275 °F
150 °C = 300 °F
160 °C = 325 °F
180 °C = 350 °F
190 °C = 375 °F
200 °C = 400 °F
220 °C = 425 °F
230 °C = 450 °F
240 °C = 500 °F

LONGITUD

0.2 cm = ¹⁄₁₆ de pulgada (in)
0.3 cm = ⅛ de pulgada (in)
0.5 cm = ¼ de pulgada (in)
1.5 cm = ½ pulgada (in)
2.0 cm = ¾ de pulgada (in)
2.5 cm = 1 pulgada (in)

MEDIDAS DE RECIPIENTES PARA HORNEAR

Molde	Medidas en cm	Medidas en pulgadas/ cuartos (quarts)	Capacidad
Para torta (cuadrada o rectangular)	20×20×5	8×8×2	2 litros
	23×23×5	9×9×2	2.5 litros
	30×20×5	12×8×2	3 litros
	33×23×5	13×9×2	3.5 litros
Para barra	20×10×7	8×4×3	1.5 litros
	23×13×7	9×5×3	2 litros
Para torta redonda	20×4	8×1½	1.2 litros
	23×4	9×1½	1.5 litros
Para pay	20×3	8×1¼	750 ml
	23×3	9×1¼	1 litro
Cacerola para hornear	———	1 cuarto (quart)	1 litro
	———	1½ cuartos	1.5 litros
		2 cuartos	2 litros